KB142226

일단
시작하는
힘

비에이블
B.able

저마다의 '이즘 ism'을 찾아서

내 유튜브 채널의 이름은 '희철리즘'이다. 내가 중심이 되어서 채널을 운영하는 것이니 나를 잘 표현하는 이름을 짓고 싶었다. '이즘(ism)'은 우리말로 '주의(主義)'를 뜻하는데 '자본주의' '자유주의' 등과 같이 신념이나 이론, 학설에 붙는다.

온전히 내 힘으로 만드는 영상을 통해 내 관점을 전달한다, 이런 의미에서 볼 때 내 이름에 이즘을 붙인 '희철리즘'이 채널명으로 딱 맞는다고 생각했다.

이런 채널 이름을 두고 자의식 과잉이 아니냐는 말도 들었다. 하지만 이토록 복잡하고 혼란한 세상을 살아가면서 자기중심을 제대로 잡지 않으면 이리저리 흔들리다 방향을 잃기 쉽다. 남들 말에 쉽게 현혹되고 남들이 원하는 걸 내가 원하는 것으로 착각하면서 헛된 행복을 좇다가 어느 순간 자신이 불행하다는 걸 깨닫는다.

나는 그렇게 살고 싶지 않았다.

그러기 위해서는 나만의 이즘을 만들어가야 했다.

희철리즘이 뭐냐고 묻는다면 아직 확언하기는 어렵다. 여전히 만들어가는 중이며 평생 이것을 찾아가는 과정이 인생인지도 모르겠다. 그러나 한 가지 분명한 희철리즘의 핵심은, 그게 무엇이 되었든 일단 시작하는 것이다.

무작정 한국에 사는 외국인들을 인터뷰해 영상을 만들고 유튜브에 올린 것, 어려서부터 크고 작은 사업들을 벌여온 것, 사업 실패로 남은 380만 원만 가지고 세계여행을 떠난 것, 여행하며 다시 유튜브를 시작하고 여행 채널로 성공을 이룬 것… 이 모든 작은 시작들이 지금의 나를 만들었다.

생각도 고이면 썩는다. 망설임과 핑계, 아직 일어나지 않은 일에 대한 걱정 같은 곰팡이가 피어나기 전에 시작하는 것. 시작했으면 최선을 다하고 계속해서 물꼬를 터나가는 것. 크게 잃을 것도 지킬 것도 없는 젊은 때일수록 지나치게 신중하기보다 단순하게 생각하고 도전해야 한다. 그러면서 쌓은 경험과 배움이 나만의 경쟁력이 된다.

처음에는 누구나 서툴다. 나도 그랬다. 미숙한 점도 많았고, 그래서 비판이나 논란의 대상이 된 적도 있다. 그러나 그 또한 희철리즘을 만들어나가는, 때론 아프지만 꽤나 치열한 과정이라고 생각한다.

그동안 쌓아온 나의 도전들, 그 모든 이야기를 이 책에 담았다. 다양한 사람과 세상에 두려움 없이 부딪히며 배워나가는 나의 삶의 방식이 반드시 옳다고 할 순 없어도 누군가에게는 영감과 도움이 될 수 있다고 생각하기 때문이다.

이렇듯 나만의 '이즘'을 만들어가는 사이 강연 요청도 심심찮게 들어왔다. 대학 때 6개월간 1억 원의 수익을 낸 이야기와 두 번째 법인 사업 실패 후 세계여행을 떠난 이력 때문인지 스타트업 관련 강연 요청이 많이 들어왔다.

첫 강연은 '2030세대를 위한, 좋아하는 일을 하며 돈 버는 삶'이라는 주제로 대전에서 했는데, 강연을 주최한 창업보육센터가 건립된 지 5년 이래 가장 많은 청중들이 모였다고 했다.

이후 입소문을 타고 카이스트 창업보육센터, 여수청년지원센터, 부산정보산업진흥원 등의 요청으로 여러 번 스타트업 관련 강연을 진행했다.

네이버 측의 요청으로 '세계여행을 통해 내가 배운 것'이라는 주제로 200여 명의 청중들 앞에서 강연을 하기도 했는데, 강연 때마다 긍정적인 피드백을 정말 많이 받았다.

"강연을 듣고 꿈이 생겼어요."

"온몸에 순간 소름이 돋았어요. 제가 고민하는 부분에 대한 해답을 주신 것 같아요."

"저도 지금보다 더 잘할 수 있겠다는 희망과 자신감이 생겼어요. 그래서 더 열심히 살고 싶어졌어요."

"여태껏 어디에서도 듣지 못했던 새로운 관점이었어요. 제 관점이 넓어지는 시간이었어요."

이렇게 관객들이 보내주는 가슴 벅찬 반응 덕분에 언제나 큰 힘을 얻고 더 좋은 콘텐츠와 강연으로 보답해야겠다는 의지를 다지게 된다.

이외에도 여행 업체 홍보모델 제의가 들어오기도 하고 내 영상을 보고 말을 잘한다고 생각했는지 행사 사회자로 섭외가 들어오기도 한다.

사업에 실패한 후 막막한 심정으로 세계여행을 시작할 때만 해도 이런 기회들이 내게 생길 거라곤 전혀 예상하지 못했었다. 지금까지 그랬던 것처럼 작더라도 내게 찾아오는 기회들을 하나

하나 간절히 붙잡고 내 것으로 만들어나가다 보면 더 큰 기회가 찾아오지 않을까?

아나운서를 꿈꾸던 대학생에서 유튜버, 영어 스터디 플랫폼 사업가, 세계여행가, 영상제작자, 강연자까지….

내 인생은 생각지 못한 방향으로 넓게 뻗어왔다.

이제 이렇게 책도 쓰고 있으니 이 책이 출간되면 부족하지만 초보 작가로도 이름을 알릴 수 있을 터다.

사실 나는 그리 대단한 성공을 이룬 사람은 아니다. 그런데 무슨 책까지 쓰냐고 할지도 모르겠다. 서점에 가봐도 텔레비전에도 대단한 재능을 가진 사람, 어마어마한 성공을 한 사람들이 널렸다. 그런 사람들을 보면 나도 할 수 있다는 생각보다는 '애초에 나와 저 사람은 달라' '나는 안 될 거야'라는 생각이 들기도 한다.

하지만 나 같은 사람도 있다. 어찌 보면 치기 어린 패기 하나로 소소하게 성취를 이루고 일상과 일의 행복을 동시에 느끼며 살아갈 수도 있다.

지금 상황에서, 현재 나의 역량을 가지고 할 수 있는 일이 무엇인지 아는 것이 중요하다.

무모한 자신감을 가지라고 말하는 게 아니다. 단어 하나 외우는 거, 오늘 내가 하고 있는 알바를 잘 마치는 거라도 좋다. 내가 할 수 있는 일에 최선을 다해 집중해보는 거다. 그게 쌓이다 보면 전혀 예상치 못한 방향과 놀라운 결과가 찾아온다고 나는 믿는다.

나는 된다.

이 단순하지만 단단한 믿음이 생각보다 엄청난 결과를 가져올 수 있다.

나보다 많이 가진 사람을 부러워하거나 내가 가지지 못한 것을 원망하는 대신 내가 할 수 있는 작은 일들을 해나가는 거다.

그거면 된다.

여러분도 된다.

결국 자신만의 이즘이란 '나는 된다'는 믿음을 지속적인 망치질로 내 마음속 깊은 곳까지 박아 넣는 것인지도 모른다. 아무도 흔들 수 없고 쉽게 뽑히지 않는, 굳건한 내 인생의 중심을 잡도록 말이다.

그러니 여러분도 자신만의 '이즘'을 확립하는 일을 지금부터 시작해보길 바란다.

Contents

Chapter 3 상처 주셔서 고맙습니다
당신을 흔드는 그 모든 사람 그리고 세상

Chapter 4 생각이 바뀌었습니다
나를 가두는 고정관념과 편견에서 벗어나기

Chapter 5 이렇게 살 수도 있습니다
세계에서 만난 다양한 삶의 방식

Chapter 6 처음 뵙겠습니다
인생을 풍요롭게 만드는 인간관계 다지기

Chapter 1

그게 될까? 해보면 알겠죠!

불안하지만 아무것도 하지 않는 당신에게

GO

생각을 행동으로 옮기는 법

유튜브 시작 # 월급 받는 대학생

대학 3학년, 진로에 대한 불안을 안고 있을 때 친구가 유튜브를 한다는 이야기를 들었다. 유튜브? 그때만 해도 다들 페이스북만 하던 때여서 유튜브라는 플랫폼이 낯설었다. 하지만 미국에서 활기를 띠며 전 세계로 영향력을 넓혀 가던 중이라 머지않아 우리나라에도 유튜브의 시대가 올 거라 짐작했다.

나도 해볼까? 그런데 어떤 영상을 올려야 할까?

내가 잘할 수 있는 걸 생각해보니 인터뷰였다. 당시 아나운서를 준비하고 있던 때라 인터뷰 영상을 올리면 실전 연습도 되고 차별화되는 스펙도 쌓을 수 있을 것 같았다. 인터뷰는 유튜브라는 동영상 플랫폼과 잘 맞는 콘텐츠이기도 했다.

페이스북에도 영상을 올릴 수 있었지만 당시 페이스북에서는 2~3분 정도의 짧은 스낵 콘텐츠가 유행하고 있어서 긴 호흡의 인터뷰 콘텐츠는 끝까지 시청하지 않을 거라고 생각했다.

그런데 어떤 사람들을 인터뷰하지?

뭐든 눈에 띄는 특별한 영상을 만들어야 할 텐데.

그래! 같은 인터뷰라도 남들이 다루지 않는 주제들을 다뤄보자.

다른 사람들이 이미 만든 콘텐츠, 잘된 주제를 따라 하는 걸로는 절대 사람들의 주목을 끌 수 없으니까.

주제를 고민하다가 문득 '외국인이 바라보는 한국의 인상은 어떨까?' 하는 질문이 떠올랐다. 한국과 한국인에 관한 이슈라면 우리나라 사람들이 흥미롭게 생각하지 않을까? 한국인들에겐 일상이 된 풍경, 그래서 무심히 지나치게 되는 일들을 외부인의 시선으로 이야기해주면 신선한 콘텐츠가 되지 않을까?

무작정 카메라를 챙겨 들고 외국인들이 많은 신촌과 홍대 거리로 나갔다. 지나가는 외국인을 아무나 붙잡고 인터뷰를 요청했다. 당연히 쉽지 않았다. 어디 메이저 방송사도 아니고 딱 봐도 어린 남자가 혼자 카메라를 들고 인터뷰를 해달라니….

게다가 당시에는 길거리에서 스트리밍을 하면서 사회적 물의를 일으키는 BJ들이 뉴스에 꽤나 보도될 때였다. 나를 한심하게 바라보는 시선들이 쉴 새 없이 날아와 내 뒤통수에 꽂혔고 열 명 중 여덟은 거절할 만큼 인터뷰를 성사시키기가 어려웠다.

그런데 열 명 중 여덟이 거절한다면 두 명은 수락한다는 의미 아닌가. 백 명에게 시도하면 스무 명이 인터뷰를 해준다는 거고. 20퍼센트의 가능성이라는 건 어마어마한 거다. 이런 생각으로 정말 백 명쯤 시도해서 2~30여 명과 인터뷰를 할 수 있었다.

이제는 편집을 해야 하는데, 예상했겠지만 나는 편집에 대해서도 아는 게 없었다. 인터넷을 뒤져서 제로부터 독학을 했다. 그렇게 주제를 따라 몇 가지 영상을 편집했다. 그리고 드디어 유튜브에 업로드!

이 영상을 어떤 사람들이 봐줄까?

어떤 반응을 보일까?

그때 올린 영상이 '한국에 사는 백인들' '한국에 사는 흑인들' '한국계 미국인 입양인들' 등의 영상이었는데 5분에서 10분 정도 분량의 인터뷰 영상을 올리면 매 영상마다 100만 조회 수를 훌쩍 넘겼고 댓글도 수천 개씩 달렸다. 급기야 이름만 들으면 알

만한 언론사들까지 내 영상을 가져다 기사화하기도 했다.

이 모든 일이 불과 두어 달 만에 일어난 일이라 어리둥절했다. 구독자 수가 1만 명에서 5만 명까지 가는 데에는 석 달이 채 걸리지 않았다.

내 영상에 대한 관심이 높아지고 채널 구독자가 늘어나면서부터 인터뷰도 점차 수월해졌다. '한국 레즈비언들' '한국 혼혈들' 같은 영상은 해당 소수자들이 먼저 나에게 연락해서 영상을 만들자고 제안해준 것이기도 하다.

영상의 주제들은 애초에 내가 궁금한 것들로 잡은 것이지만 나 외에도 많은 사람이 이에 대해 궁금해한다는 사실을 알게 되었다. 한국에 사는 외국인들이 한국에 대해 어떻게 생각하는지, 내가 평소에 보지 못하는 소수자들은 어떤 생각을 가지고 어떻게 살아가는지 등 나와는 다른 이들에 대한 사람들의 호기심과 관심을 내 영상이 어느 정도 충족해주었던 것 같다.

물론 영상의 질이 막 뛰어난 건 아니었다. 그러나 유튜브, 특히 인터뷰 영상에서는 편집 기술이나 화질보다는 스토리가 중요하다고 생각했다. 다루는 이슈에 대해 얼마나 깊이 있는 대화를 할 수 있는가 하는 것 말이다. 그래서 장비에 신경 쓰기보다는 인터뷰이와의 대화에 집중하고자 했다.

그래도 나름 준비를 좀 하긴 했다.

처음부터 구체적인 방향을 정하고 시작하면 그 방향으로 유도하는 질문만 하게 될 테니 열린 인터뷰가 되기 힘들 거라고 생각했다. 그래서 큰 틀에서 가장 기본적인 질문 서너 개만 준비하고 나머지는 카메라 앞에서 자연스럽게 대화하듯 인터뷰를 이어갔다.

대신 인터뷰이가 정해지면 바로 촬영에 들어가지 않고 먼저 카페에서 대화를 나누며 서로를 알아가는 시간을 가졌다. 그렇게 거리를 좁힌 후에 인터뷰를 하다 보니 어색함과 긴장감은 덜고 깊은 생각은 더해서 렌즈에 담을 수 있었다. 바로 이 지점이 '희철리즘' 채널이 많은 시청자들의 관심을 끈 이유가 아닐까 싶다.

큰 기대 없이 시작한 유튜브였는데, 4개월이 지났을 때는 어느덧 한 달에 100만 원이 넘는 돈을 벌고 있었다. 매달 통장에 들어오는 영상 수익금 덕분에 더욱 열의를 가지고 재미있게 영상을 제작할 수 있었다.

그러다 보니 어느 날, 이런 생각이 드는 거다.

'가만, 이거 아나운서보다 더 재미있는데?'

대부분 원고를 받아서 읽는 아나운서와 달리 취재 주제와 인터뷰이도 내가 정하고, 영상 촬영과 편집까지 모두 내가 했다. 작가이자 PD 그리고 진행자로서 이 모든 걸 기획하고 제작하는 일에 무척 큰 성취감을 느꼈다.

그 무렵 나는 총 26개의 인터뷰 영상을 만들었는데, 가장 많은 댓글 반응은 "타인의 생각은 다를 수 있는 거군요. 제 생각의 폭을 넓혀주는 영상이었습니다"였다.

영상에 바로바로 달리는 구독자들의 피드백을 보면서 내가 사람들에게 영향을 주고 있으며 작은 문화를 만들어내고 있다는 자부심까지 갖게 되었다. 댓글을 다는 한 사람에서 구독자들로 하여금 수천 개의 댓글을 이끌어내는 영상 제작자가 된 것이다.

"나도 그런 생각 했었는데!"

이렇게 말하는 사람이 분명히 있을 거다. 나보다 더 좋은 아이디어가 머릿속에 둥둥 떠다니는 사람도 많을 것이다. 하지만 행동으로 옮기지 않으면 아무리 기가 막힌 아이디어나 계획이 있어도 그것은 아무것도 아니다.

어떤 아이디어가 떠올랐다고 해보자. 그러면 당신은 그것을 실행할 계획을 머릿속으로 짜볼 거다. 그러다 보면 이래저래 문제점도 보이고 위험도 보인다.

이렇게 되면 어떡하지? 저렇게 되지 않을까? 이런 문제도 있겠군.

그 계획을 다른 사람에게 상담하면 어떻게 될까. 그 사람은 그 계획의 문제와 비관적 전망을 훨씬 더 구체적으로 얘기해줄 것이다. 이제 당신은 그 일이 잘못되었을 경우를 눈앞에 보이듯 그릴 수 있게 된다. 그 결과 처음의 패기는 점점 쪼그라든다.

이리 재고 저리 재다 결국엔 관성에 이끌려 살던 대로 살게 된다. 아무것도 하지 않고 머릿속으로만 고민하는 동안에도 시간은 흘러간다. 애석하게도 시간은 "아, 너 고민하는구나. 내가 좀 기다려줄게"라고 하지 않는다.

물론 돈이 많이 들고 리스크가 큰일이라면 충분히 고민하고 철저하게 계획해야 한다. 그러나 내가 지금 말하는 건 그런 큰일이 아니다. 내가 한 일을 보자. 돈도 거의 들지 않았고 그냥 내가 움직이기만 하면 되는 일이었다.

촬영 장비는 중고 사이트에서 35만 원 주고 산 DSLR 카메라, 친구가 안 쓴다고 빌려준 3만 원짜리 삼각대, 대여점에서 하루 만 원에 빌려 쓴 무선 마이크가 전부였다. 영상을 찍는 법도 편집도 크게 돈 안 들이고 배울 수 있는 세상이다.

실패해도 내가 잃을 건 별로 없었다. 인터뷰를 거절당해서 좀 쪽팔릴 수 있고 유튜브가 잘 안 돼서 좌절할 수도 있겠지만, 그러면 그때 가서 개선 방법을 고민해보거나 빨리 털고 일어나 다른 일을 하면 된다.

아직 젊으니까.

그래도 아직은 시간이 내 편인 거다.

당신의 머릿속에서 죽어간 그 모든 생각들에 조의를 표한다.

머릿속은 바쁜데 몸은 한가로운가?

지금 당장 일어나서 작은 일이라도 하나씩 해보자. 한 가지 팁을 주자면, 나의 경우엔 똑같은 생각을 하는 경쟁자가 있다고 상상한다.

'그 사람이 먼저 하면 어떡하지.'

'해서 잘되면 어떡하지?'

이런 생각을 하면서 조바심이 나게 만드는 거다. 마치 홈쇼핑에서 '매진임박'이라는 자막을 띄워 지금 안 사면 못 살 것 같은 압박감을 주는 것처럼 말이다.

언젠가 좋은 생각이 떠오를 거라고 착각하지 마라.

좋은 생각은 나쁜 생각을 실행에 옮길 때 차라리 더 잘 떠오른다.

헤맬 수 있을 때 헤매자

직업 찾기 # 헛된 경험은 없다

꿈을 어떻게 이룰까 고민하는 사람보다 꿈이 없어서 고민하는 사람이 많은 것 같다. 우리는 왜 이렇게 꿈에 집착하는가. 나도 그랬다. 대학 생활 내내 인생의 많은 시간을 뭘 하며 먹고살아야 할까 고민했다. 모래밭에서 바늘 찾기, 아니 잠실주경기장에서 콘택트렌즈 찾기 같은 시간들.

그런데 어느 날 '내가 이렇게 고민하는 건 꿈을 직업에만 국한하기 때문이 아닐까?' 하는 생각이 들었다. 그래서 일단 내가 가장 좋아하는 게 뭔지 떠올려봤다.

그랬더니 그건 또 너무 많아서 문제였다.

제일 처음 떠오른 건 영화였다. 나는 '혼영'이라는 줄임말이 생기기도 전인 중학생 시절부터 혼자 영화관 가는 걸 좋아했다. 그것도 자주. 대학생 때는 3일에 한 번 정도 갔었고 군대 있을 때도 외출, 외박, 휴가 때는 부대 근처 영화관에서 영화 보고 집에 오는 게 일상이었다.

그래서 막연하게 영화와 관련된 일을 해야겠다고 생각했다.

제대 후 복학 첫 학기에 시나리오 수업을 신청하고 동시에 도움이 될 만한 글쓰기 강연이나 원데이 클래스도 찾아 들으면서 글쓰기 훈련을 했다. 시나리오를 쓰고 피드백 받는 걸 6개월 넘게 해보니 이걸로 밥벌이를 할 만큼 내가 실력이 있다는 판단이 들지 않았다.

안 되겠다. 다음!

글쓰기를 좋아하니까 글을 써보자.

수필을 쓰기 시작했다.

이것도 한 6개월 해보니 이런 생각이 스멀스멀 올라왔다.

'글 써서 먹고살 수 있을까? 하다못해 소설을 쓰거나 웹툰 작가가 더 전망이 낫지 않나?'

더군다나 오랜 시간 책상 앞에 앉아서 작업할 자신은 없었다.

해보니까 알 수 있었다, 안 되겠다는 걸. 미련 없이 그만둘 수 있었다.

작가의 길을 빨리 포기하고, 논현동에 있는 유명 연기 학원을 찾아갔다. 앞서 말했듯 영화를 굉장히 좋아했고 배우라는 직업 또한 굉장히 매력적으로 다가왔으니까. 감정을 표현하는 일이면서 여러 사람의 삶을 살아보는 일. 나도 잘할 수 있지 않을까?

"점이 되어보세요."

"가위가 되어보세요."

처음에는 선생님의 황당한 주문에 당황하기도 했지만 3주간 최선을 다해 다양한 동작과 대사를 연습했다. 느껴보지 못한 감정을 표출하는 건 생각보다 훨씬 더 어려웠다.

이런 게 연습으로 가능할까?

부성애를 느껴보지 못한 사람이 자녀에 대한 깊은 마음을 진정성 있게 표현하는 건 어려울 것 같았다. 어쩌면 이건 타고난 재능의 영역일 수 있겠다는 생각도 들었다.

3주 만에 그만두자니 한 달 수강료가 아깝게 느껴지기도 했지만 긴 인생에 있어 나의 길을 찾아가는 비용이라고 생각하니 마음이 편해졌다. 결국 난 영화 감상을 좋아하는 거였지 영화와 관련한 일을 업으로 삼을 만큼 거기에 흥미나 재능이 있는 건 아니라는 판단이 들었다.

안 되겠다. 이번에는 내가 어떤 사람인지 생각해보자.

나는 사람들 앞에서 말하기를 좋아하고 사회적 이슈에도 관심이 많다. 그럼 아나운서가 되면 어떨까?

일단 해보자.

아나운서 양성 학원에 등록해 1년간 엄청나게 노력했다. 그러던 도중에 앞서 이야기한 것처럼 유튜브를 알게 되어 결국 전업 크리에이터가 되기로 결심한 것이다.

1년 넘게 열심히 준비한 아나운서 지망생이었지만, 시대적인 상황과 일에 대한 나의 흥미, 그리고 열정을 고려했을 때 유튜브 크리에이터로 더 열심히 해보는 게 낫겠다고 판단했다.

당시 종편 방송국들이 생겨나면서 아나운서 지망생들은 방송을 할 확률이 높아졌다며 좋아했지만 내 생각은 달랐다. 방송국 간 경쟁이 치열해져 오히려 연예인들이 더 많이 섭외될 것이라고 생각했다.

유튜브를 시작하고 처음에는 5분, 10분짜리 영상 한 편을 제작하는 데 일주일이 꼬박 걸리기도 했지만 어쩌겠는가, 즐거운 것을. 게다가 매달 영상 수입이 월급처럼 내 통장에 꽂히지 않는가. 이따금 광고 제작 의뢰도 받기 시작하니 웬만한 회사원 월급 정도는 너끈히 벌게 되었다.

이쯤 되면 아마 이런 생각이 들 것이다.

'1년간 들인 수많은 돈과 노력과 시간이 너무 아깝다!'

그게 다 헛짓이었을까? 오히려 그 반대다.

영화를 통해 배운 영상편집 감각, 스토리를 구성하고 글을 쓰는 법, 아나운서를 준비하며 배운 발성법, 카메라 앞에서 자연스럽게 나를 표현하는 법, 인터뷰이의 이야기를 끌어내는 법 등은 지금 1인 크리에이터로 활동하는 데 너무나 큰 도움이 되고 있다.

헛된 경험은 없다. 진짜다. 경험은 사서라도 하는 거다. 나도 그래서 돈이 많이 깨졌다.

여행을 하다 보면 길을 헤맬 때가 많은데 더 나이 들어서 체력이 떨어졌을 때는 헤매지 말아야겠다는 생각이 든다.

'지금 많이 헤매면서 길 찾는 노하우를 체득하자.'

이렇게 다짐한다.

지금은 헤맬 시간도 체력도 있으니까, 괜찮다.

많이 헤매자.

헤매면서 본 풍경이 다 나의 자산이며 기초 체력이 된다.

외국에 나가지 않아도 나만큼 영어 할 수 있다

순수 국내파 # 단기간에 영어 늘리기

내 영상을 보고 많은 사람이 영어를 어떻게 공부했느냐고 묻는다. 엄청나게 영어를 잘하는 건 아니지만 외국인들과 인터뷰를 할 정도로 영어를 편하게 사용하니 어떻게 배웠는지 궁금한 모양이다. 그런데 나는 어학연수는커녕 대학 때만 해도 영어 한마디 못하는 사람이었다. 정말 그랬다.

의무경찰로 군 생활을 하던 때 경복궁, 광화문 등에서 근무를 서곤 했는데 이따금씩 외국인이 길을 물으면 진땀을 흘리며 무전기에 대고 영어를 할 줄 아는 후임을 호출하기에 급급했다. 그런 일이 있을 때마다 다짐하곤 했다.

'제대하면 영어부터 배워야지. 영어만 할 줄 알면 해외에 나가서도 일을 할 수 있으니까, 그만큼 기회도 많아지겠지!'

제대를 했지만 해외로 어학연수를 갈 만큼 집안 형편이 좋은 것도 아니었고, 어떻게 공부를 해야 할지 엄두가 나지 않았다. 그렇게 군복무 시절의 다짐은 한낱 꿈으로 잊히고 있었다.

그런데 복학해서 일주일 정도 지났을까? 화장실에서 한 동아리의 모집 공고를 보게 되었다.

"서울 유일의 외국인 대상 한국어를 가르치는 봉사 동아리 하람! 여러분이 선생님입니다!"

'오, 잠깐! 여기서 외국인들에게 한글을 가르치면 역으로 그 친구들에게 내가 영어를 배울 수도 있지 않을까? 미국 유학도 다 원어민들이랑 말 한마디 더 해보려고 큰돈 들여서 가는 건데!'

유학을 가지 않고도 영어회화 실력을 확 늘릴 수 있는 좋은 기회란 확신이 들었다.

동아리의 레벨은 기초, 초급, 중급, 고급, 4개 클래스로 나뉘어 있었다. 기초반을 제외하고는 어느 정도 한국어 소통이 가능한 외국인들이 오기 때문에 영어를 못해도 전혀 걱정할 필요가 없다고 했다. 반면 기초반에는 한국에 호기심으로 와본 미국, 호주, 유럽의 교환 학생들이 대부분이라고 했다. 따라서 기초반 학생들은 한국어를 전혀 몰랐고 한국어 봉사자가 영어로만 수업을 진행해야 한다는 거다.

영어를 계속 써야 실력이 늘 테니 기초반 봉사자로 들어가야만 했다. 하지만 나는 영어로는 1분, 아니 30초조차 대화를 이어나갈 수 없는 수준이 아닌가. 곰곰이 생각한 끝에 나는 영어 실력 대신 얼마나 이 동아리에 들어가고 싶은지를 어필해보기로 했다.

내가 외국 문화에 얼마나 관심이 많은지, 그리고 한국 문화를 외국인에게 얼마나 잘 알려줄 수 있는지를 중심으로 할 말들을 정리해서 입회 면접을 준비했고, 그 결과는 기초반 지원자 5:1의 경쟁률을 뚫고 최종 합격.

하지만 마냥 기뻐할 일이 아니었다. 영어를 전혀 못하니 외국인들에게 한국어를 가르쳐줄 수가 없지 않은가. 첫 수업 날부터 문제가 불거졌다.

기초반 전체를 담당하는 담임 선생님이 따로 있었고 나는 일대일로 옆에서 도와주는 보조 역할을 맡았는데, 소통이 전혀 안 되자 내 담당 외국인이 중간에 나를 다른 사람으로 바꿔달라고 요청한 것이다. 그로서는 보조 선생이 영어를 전혀 못하니 시간 낭비라고 생각할 만했다. 창피한 마음과 함께 미안한 마음도 컸다.

이를 만회하기 위해서 그다음 주부터 담임 선생님이 수업할 내용을 동아리 커뮤니티에 미리 올려주면, 영어를 잘하는 친구에게 부탁해 수업 내용을 번역한 뒤 달달 외워서 갔다. 외국인 친구가 물어보는 내용에 속 시원할 정도로 즉각 대답해주지는 못했지만, 그날의 수업 내용만은 미리 외워온 걸로 충분히 전달해줄 수 있었다.

그런 날이 쌓이다 보니 외국인 친구들이 하나둘 생기기 시작했고, 수업이 끝나면 따로 만나서 맥주를 마시거나 같이 서울 시내를 돌아다니며 놀기도 했다.

영어를 배우고 싶다는 열망이 컸기 때문에 외국인 친구들과 밥을 먹을 때면 밥값도 자주 내고 기숙사까지 데려다주기도 하면서 친하게 지내고 싶은 마음을 내비췄다.

그렇게 한국어 봉사 동아리 활동을 한 지 1년쯤 지나자 영어 실력이 크게 늘었다. 이제 무리 없이 의사소통이 가능해졌다. 동아리 활동 3학기 째에는 담임 선생님을 맡아 매주 토요일마다 40명이 넘는 외국인 학생들 앞에서 2시간 동안 영어로 강의도 할 수 있었다. 굳이 큰돈을 들여서 미국까지 가지 않아도 얼마든지 영어와 타문화를 배울 수 있었던 것이다.

내가 가장 큰 효과를 본 건 섀도잉 공부법이었다. 기본 문법과 단어를 공부한 다음에는 이 방법이 아주 효과적이었다. 방법은 이렇다.

우선 영어권 국가의 영화나 드라마를 선택한다. 나는 현대물로 결정했다. 그래야 일상적인 회화 표현을 많이 익힐 수 있을 테니까. 그렇게 영화 〈비포 선라이즈〉와 미국 드라마 〈모던 패밀리〉로 4개월을 공부했다.

처음에는 영화나 드라마의 내용을 파악해야 하니 자막을 넣은 채로 한 번 쭉 시청했다. 리스닝 공부가 효율적으로 이뤄지려면 우선 그 말이 무슨 소리인지 알아야 한다.

나는 한국어/영어 통합 자막을 띄워놓고 봤다. 초보일 때는 영어 자막만 보고 이해하기가 쉽지 않기 때문이다. 그래서 통합 자막을 보면서 모르는 단어와 표현을 적은 뒤 사전을 찾아가며 문장의 의미를 파악했다.

그렇게 한 번 돌려 보고나서부터는 리스닝 공부가 시작된다. 배우들이 하는 대사의 의미를 알고 있기 때문에 듣기가 수월하다. 그러면서 배우들의 발음과 말투를 최대한 똑같이 따라 하며 스피킹 공부로 이어간다. 한 대사를 듣고 정지한 후 따라 말해보고, 또 한 대사를 들은 뒤에 정지한 후 따라 말해보고…. 이렇게 계속 반복하는 거다.

이렇게 한 문장을 수백 번씩 따라 했는데, 처음엔 힘들어도 계속 하다 보면 대사가 입에 붙는 순간이 온다. 그때부터는 한 문장씩 끊는 게 아니라 그 배우의 대사를 멈춤 없이 계속 따라 하며 시청한다. 이게 전부다.

처음에는 당연히 어렵다. 말도 입에 전혀 붙지 않고 지루함까지 느낄 수 있는데 이겨내야 한다. 그래서 최대한 내가 관심 있는 주제의 영화나 드라마, 내가 좋아하는 배우의 작품을 잘 선택해야 한다. 그렇게 계속 입으로 따라 하다 보니 외국인 친구들과 대화할 때 나도 모르게 그 문장이 그대로 튀어나왔다.

영어는 영어로 공부하라는 말이 많은데 섀도잉으로 공부하며 들인 습관 덕에 뇌에서 한국어를 영어로 변환하지 않고, 하고 싶은 말이 영어로 바로 나오는 느낌이 들었다.

물론 나는 섀도잉을 하면서 중간중간 계속 외국인 친구들과 어울려 다녔으니 바로 적용할 수 있는 상황이 많았다. 그래서 더욱 빠르게 영어회화가 늘었던 것 같다.

섀도잉이 효과가 없다고 하는 사람들도 있는데, 그 한계에 대해서도 이해가 간다. 미드에서 나오는 대사들을 백날 따라 해도, 설사 자연스레 입에서 나올지라도 실제로 써먹지 못하면 그 수준 이상으로 발전하지 못한다. 원어민 친구가 있어서 써볼 수 있으면 좋겠지만 그렇지 않다면 다른 대안도 있다.

우선 'Meetup' 같은 어플을 활용해 외국인들과의 친목 모임에 참석할 수 있다. 그런데 내성적인 사람이라면 힘든 일이다. 그렇다면 다른 언어 교환 어플을 통해 온라인으로 대화를 나눌 수도 있다.

개인적으로 나는 미국, 영국, 호주, 아일랜드 등 배우고 싶은 발음별로 원어민을 선택해서 대화할 수 있는 화상 영어회화 어플 '캠블리'를 추천한다. 돈을 투자할 수 있다면 전화 영어나 화상 영어도 좋은 방법이다.

분명한 건 섀도잉을 통해 학습한 것을 실전에서 써보는 창구가 필요하다는 것이다.

영어는 기본적으로 의사소통의 도구이자 생활의 도구다. 생활에 영어가 스며든다면 더 이상 학습이 아니라 자연스러운 생활 그 자체가 될 것이다. 그러니 영어가 내 삶에 꼭 필요하게 만들어야 한다.

작게는 핸드폰 설정을 영어로 바꾼다거나 네이버보다는 구글을 사용하며 영어로 검색을 하는 것에서 시작한다. 길을 가면서 혼잣말로 계속 영어를 중얼거리는 것도 좋다. 혼잣말을 한다는 건 대부분 내 일상생활에서 자주 쓰는 말이니 좋은 연습이 된다. 영어로 변환이 잘 안 되는 문장을 적어놓고 고쳐서 외우는 과정을 반복하는 것도 일상생활에서 영어회화 실력을 늘리는 아주 좋은 방법이다.

취업?
일단 세상 좀 보고 올게!

사업이 망했다 # 지금 필요한 건 행동력

인터뷰 영상들로 꾸려진 유튜브 채널은 잘나갔다. 그리고 여기에서 아이디어를 얻어 나는 영어 스터디 매칭 플랫폼 사업을 시작했다. 원어민 선생님과 영어를 배우고 싶은 학생들을 연결해주는 사업이었는데 꽤나 성공적이었다.

그때가 대학 3학년이었으니 친구들보다 훨씬 많은 돈을 손에 쥐게 되었다. 사실 월수입이 웬만한 대기업 간부보다 많았으니 분에 넘치는 금액이었다.

그러다 1년 만에 영어 사업을 접고 새로운 사업을 하게 되는

데, 이 두 사업에 대해선 다음 장에 자세히 담아두었다.

그동안 돈을 꽤 벌었다고 생각했는데 남은 건 없었다. 게다가 두 번째 사업에 전념하느라 유튜브 채널도 1년간 쉬어서 구독자가 많이 줄어든 상태였다.

집에서 놀 수만은 없었다. 또 다른 사업을 시작하자니 떠오르는 아이디어도 없었다. 주변 친구들을 보니 취업을 위해서 획득한 자격증이 여러 개 있었고 토익, 오픽 등 영어 공인 성적까지 많은 준비가 돼 있었다.

그에 비하면 나는 학점 3.14에 영어 공인 성적도 없었고 가진 것이라곤 레크리에이션 지도자 자격증 하나뿐이었다. 사람들 앞에서 말하는 걸 좋아해서 군대 제대하고 땄는데 일반 기업에 취업하기에 그리 유리한 자격증은 아닌 것 같았다.

'지금이라도 공부를 해서 취업에 도전을 해볼까?'

'취업을 한다면 대기업을 목표로 해야 하나, 아니면 떠오르는 스타트업에 들어가서 전반적인 실력을 쌓는 게 좋을까?'

'그동안 바빠서 뒷전으로 미뤘던 독서를 하다 보면 답이 좀 나오지 않을까?'

이런저런 고민을 하다가 매일 아침 일찍 일어나서 서점으로 출근하기 시작했다. 손에 잡히는 대로 책을 구매해서 읽던 어느 날《퇴사 준비생의 도쿄》라는 책이 유독 눈에 들어왔다.

퇴사 준비생? 여느 20대들처럼 스펙을 쌓아서 취업을 하려고 했는데 퇴사를 준비한다는 말이 무슨 의미인지 너무 궁금했다. 책을 살펴보니 도쿄에서 발견한 25가지의 독특한 비즈니스 모델들을 소개한 책이었다. 바로 책을 사서는 그 자리에서 단숨에 읽었다.

책의 내용은 대충 이랬다.

세계 경제가 불안해진다면 회사원도 더 이상 안정적인 직업이 아니다. 문제는 '돈을 스스로 버는 능력'이다. 사회에서 경제적으로 홀로 서려면 토익이나 학점 같은 스펙 증명을 위한 수치가 아니라 독자적으로 경제생활을 영위할 수 있는 진짜 실력이 필요하다. 글로벌 시대에 발맞춰 한국에는 아직 없는 사업이 뭔지 들여다보는 것은 기회가 될 것이다.

마지막 책장을 덮고 나니 가슴이 미친 듯이 뛰었다. '사업할 돈도 없고 아이디어도 없어, 내가 할 수 있는 일이 없어.' 이런 패배감에 젖어 있을 때 이 책은 마치 "없는 게 아니라 네가 못 찾는 거야"라고 말하는 것 같았다.

그래, 세상은 넓으니까 우리나라에서만 해답을 찾을 필요는 없지. 시야를 해외로 넓혀보면 우리나라에 적용할 수 있는 새로운 아이디어나 일을 찾을 수 있지 않을까? 내가 뭘 해야 할지 도무지 모르겠는 이 상황에서 어떤 영감을 얻을 수 있을지도 몰라.

다음 날 나는 또 서점에 갔다.

이번에는《나는 세계일주로 경제를 배웠다》라는 책이 눈에 띄었다. 5천만 원을 갖고 6개월간 세계여행을 하며 5천만 원을 벌어온 작가 코너 우드먼의 이야기였다.

경제학을 전공하고 런던 금융가에서 애널리스트로 일하던 그는 회사를 그만두고 세계 경제의 현장에 뛰어들었다. 아프리카, 아시아, 유럽에서 각각 다른 물건을 산 다음 다른 나라로 가서 판매한 것이다. 이 책에는 이런 그의 실제 경험담이 담겨 있었다. 놀랍고 대단하고 흥미진진했다.

그동안 나는 너무 좁은 시각으로만 미래를 바라보고 있었던 게 아닐까?

나도 해볼까?

세계지도에서 한국은 1퍼센트도 채 차지하지 않는다. 세상은 넓고 할 일은 많다.

여기서 또다시 발동한 나의 행동력.

책을 덮고 바로 비행기표를 알아보기 시작했다.

'우선《퇴사 준비생의 도쿄》에 나온 가게들을 직접 찾아가보자. 그러면 거기서 새로운 아이디어가 나올 수 있을 거야.'

막연한 기대감을 가지고 떠나기로 결심했다.

3일 뒤에 도쿄행 비행기표를 샀다.

가방에 간단한 옷가지만 넣은 채 비행기에 올랐다. 그리고 책에 나왔던 가게들을 직접 찾아다니기 시작했다. 여행하는 동안 책에 나온 가게들 말고도 여러 곳을 찾아다녔다. 이종격투기 체험을 할 수 있는 술집, 커피를 공짜로 팔아도 수익이 나는 대학가 카페 등은 당시 한국 사회 외에는 거의 경험한 적이 없던 나에게 별세계였다.

게다가 관광이 아니라 새로운 비즈니스모델을 보려고 하니 도시가 단순히 여행을 할 때와는 전혀 다른 관점에서 보였다. 똑같은 '나'인데 전혀 다른 내가 된 것 같은 기분이 들었다. 어제와 똑같은 눈이지만 다른 관점으로 세상을 바라보고 있었다.

이전에는 눈여겨보지도 않았을 점들이 눈에 띄었고, 그런 데서 아이디어가 떠올랐다. 그리고 그 아이디어를 어떻게 하면 한국 시장에 적용할 수 있을까 궁리했다. 그 모든 것을 노트에 기록하며, 5박 6일간 도쿄를 종횡무진했지만 힘든 줄도 몰랐다.

'이래서 여행을 하면 견문이 넓어진다는 말이 있구나!'

짧은 여행이 끝났다. 여행을 할 때는 너무 흥분되고 당장 뭔가를 할 수 있을 것 같은 생각이 들었는데, 한국에 돌아온 나는 그대로였다. 여전히 할 일이 없었다.

'도쿄에서 촬영해온 영상이나 볼까?'

우리나라에선 찾아볼 수 없는 신선하고도 기이한 일본 문화를 만날 때마다 혹시나 해서 가지고 간 액션캠으로 영상을 찍어뒀었다. 그 영상들을 재미있게 보다가 문득 이런 생각이 들었다.

'한국과 가까운 일본도 이렇게 문화가 다른데, 전 세계 수많은 나라에는 얼마나 신기한 문화가 많을까? 그럼 세계여행을 하면서 새로운 문화들을 영상에 담아 유튜브에 올려보면 어떨까?'

생각은 이렇게 흘렀다. 그때까지 나는 미국과 일본 외에는 가본 나라가 거의 없었고, 대부분의 사람들처럼 내게도 세계여행은 그저 막연히 버킷리스트에 올려놓은 희망 사항에 불과했다.

'내가 세계여행을? 정말 할 수 있을까?'

해보지 않았으니, 두려움도 있었다. 설렘과 희망이 불안을 압도했다. 3개월 뒤 떠난다는 목표를 세우고, 바로 준비에 돌입했다.

가장 먼저 한 건 피트니스클럽 등록! 여행 가는데 웬 운동이냐고? 원래도 체력은 좋은 편이었지만 1년 이상 여행을 하려면 체력이 가장 중요할 것 같았다. 그래서 평소엔 돈 아까워서 엄두도 못 내던 PT(개인 트레이닝)를 30회나 등록했다.

영어회화와 영상 편집 공부도 열심히 했지만 사실 눈에 띄게 실력을 늘리기에 3개월이라는 시간은 턱없이 짧았다. 지금 가진 실력을 최대치로 활용해볼 수밖에 없었다.

지금 필요한 건 용기와 자신감!

하지만 가장 중요하고 불안한 문제가 남아 있었다. 바로 돈. 무엇보다 중요한 돈을 마련해야 했다. 사업 실패로 내 수중에 남은 돈은 380만 원이 전부였다. 1년 정도 배낭여행을 하려면 적어도 1500만 원은 필요할 터. 그런데도 거금을 들여 피트니스 센터부터 등록한 나….

어떻게 여행 자금을 마련할지 고민하다가 이제 막 유튜브 채널을 시작한 신문사, 방송사 등을 찾아다니며 외주로 영상을 제작해 공급하는 일을 제안해보기로 했다.

한국언론진흥재단, 한국콘텐츠진흥원, 문화체육관광부, 해외문화홍보원, 한국국제교류재단, 외교통상부, 한국관광공사, 중앙일보, 동아일보, KBS미디어, JTBC, SBS, TV조선, EBS, KBS….

정말 닥치는 대로 전화했던 것 같다. 그중 몇 곳에는 직접 찾아가 해당 회사의 소셜 채널에 영상을 공급하는 조건으로 투자를 제의하는 PT를 진행하기도 했다.

결과는?

모두 거절당했다.

그렇다고 세계여행을 포기할 순 없었다.

결국 나는 '돈 떨어지면 돌아오지 뭐'라는 생각으로 정말 포켓머니만 들고 떠나기로 했다.

그런데… 채널은 어쩌지?

두 번째 사업을 시작한 뒤로 유튜브 채널을 전혀 관리하지 않았던 탓에 '희철리즘' 채널은 거의 1년간 정체돼 있었다.

게다가 "이제 인터뷰는 그만하고 세계여행을 간다"고 공지 영상을 올리자 구독자 수가 일주일간 2만 명 이상 줄었다. 초기 '희철리즘' 채널의 인터뷰 영상들이 좋아서 구독하던 사람들이 구독을 취소한 것이다.

당시 전체 구독자의 15퍼센트에 달하는 수치였으니 타격이 컸다.

멈추지 않으면 반전은 찾아온다

첫 100만 조회 수 # 인기 콘텐츠의 요건

여행을 하면서 영상을 만들어 올렸지만 조회 수가 좋을 리 없었다. 초반에 올린 6~7개 영상은 1000뷰조차 넘기지 못할 정도였다. 친구들은 그냥 여행하면서 원래 하던 대로 외국인 인터뷰를 하는 게 어떻겠냐고 권하기도 했다. 하지만 나는 새로운 길을 한번 가보기로 했다.

기존에 잘되던 콘텐츠 주제를 바꾸는 게 큰 부담인 건 분명했지만 두 콘텐츠의 결이 같다고 봤기 때문이다. 인터뷰 콘텐츠가 한국에 사는 외국인의 '다른 관점'을 보여줬다면 세계여행 콘텐츠는 다른 문화를 통해 '다른 관점'을 보여주는 것이다. 사람들의 고정된 관점을 흔들고 새로운 생각을 할 수 있는 계기를 준다는 점은 일맥상통한다고 봤다.

게다가 내가 여행을 떠났던 2018년 당시에는 우리나라에 여행 유튜버가 10명 남짓이었기 때문에 분명 큰 기회가 있었다. 걱정은 됐지만 꾸준히 하다 보면 이 콘텐츠에 맞는 구독자들이 또 찾아와줄 거라는 희망을 갖고 촬영과 편집을 계속해나갔다.

그리고 얼마 지나지 않아 열 번째로 올린 베트남 재래시장 상인과 흥정하는 영상이 사흘 만에 100만 조회 수를 넘었다. 그 무렵 13만 정도였던 구독자 수가 순식간에 17만까지 늘면서 채널에 활기가 돌기 시작했다. 여행을 시작한 지 한 달이 채 지나지 않은 시점이었다.

사실 흥정 영상은 계획하고 만든 게 아니었다. 호치민에 도착했을 때 호스텔에서 걸어서 3분 거리에 벤탄 시장이 있어서 그냥 한번 둘러봤다. 그런데 분명히 공장에서 찍어내는 짝퉁 제품들이 낮은 퀄리티에도 불구하고 베트남의 생활 수준에 맞지 않는 비싼 금액에 팔리고 있었다.

의문이 생겨서 호스텔에서 근무하는 직원에게 베트남 현지인들이 사는 적정 가격대를 알아봤다. 그 결과 벤탄 시장에서 관광객들을 대상으로 얼마나 터무니없는 가격에 물건을 파는지 알 수 있었다. 베트남을 찾는 한국인들도 바가지요금의 피해자일 터였다.

우리나라 사람들이 베트남에 여행을 많이 가니까 이런 사실을 알리는 영상을 만들어서 올리면 합리적인 소비를 하는 데 도움이 되겠다고 생각했다. 지갑과 벨트, 티셔츠를 사기로 하고 베트남인 친구에게 현지인들이 구입하는 가격대를 물어 숙지했다. 그러곤 카메라를 챙겨서 벤탄 시장으로 갔다.

먼저 지갑을 사기로 했다. 품질에 따라 다르지만 지갑의 현지가는 20만 동(약 1만 원) 정도라고 들었기에 목표 금액을 25~30만 동(약 12500원~15000원)으로 정했다. 첫 상점에서는 거의 4배 비싼 80만 동(약 4만 원)을 제시했다. 이리저리 돌아다니다 다른 상점에서 본격 흥정을 시작했다.

내가 먼저 20만 동을 부르자 상인은 40만 동을 불렀다. 내가 20만 동 이상으로는 살 의향이 없음을 확고히 밝히자 상인은 가격을 점점 낮춰 30만 동까지 내렸다. 계획한 가격대 범위에 들어온 것이다.

지금부터는 내 입장에선 보너스 타임이다. 더 낮추면 좋은 거고 그러지 못하더라도 현지인과 비슷한 가격에 구입하는 것이니

합리적 소비다. 얼마간의 흥정 끝에 결국 25만 동(약 12500원)에 합의했다. 현지인 가격과 겨우 2500원 차이.

나머지 물품들도 비슷한 절차를 거쳤다. 벨트는 상인의 첫 호가인 95만 동(약 48000원)을 23만 동(약 11500원)까지 낮췄고, 티셔츠는 56만 동(약 28000원)을 15만 동(약 7500원)으로 깎았다.

사실 현지가로 물건을 구입할 수 있으리라고 기대하진 않았다. 단지 지나치지 않은 선에서 합리적인 소비를 하고 싶을 뿐이었는데 목표한 가격대에서 물건을 사게 된 것이다.

흥정을 할 때 상인들은 당연히 고객이 제시하는 가격보다 높은 가격을 계속 제시한다. 따라서 유리하게 협상하기 위해선 내가 합리적이라고 생각하는 가격대보다 더 낮은 가격에서 호가를 시작해야 한다.

무릇 협상이란 정보가 많은 사람이 유리하고 양질의 정보를 가져야 협상을 주도할 수 있다.

외국 재래시장에서의 흥정이라는 주제가 흥미로운 데다 여행자들에게 좋은 정보를 제공하는 것이기도 해서 기대감을 갖고 영상을 올렸다. 그런데 뜻밖에도 좋은 평 못지않게 악플도 엄청나게 많이 달렸다. '가격을 싸게 해줘도 왜 더 깎냐' '한국인 망신이다' '버릇없고 무례하다' '타문화를 존중하지 않는다' 등.

하지만 나는 이런 의견에는 동의할 수 없었다. 예를 들어 5천 원짜리 제품이 있다고 치자. 그런데 상인이 이 제품의 정가가 사실 5만 원인데 깎아서 2만 5천 원에 주겠다고 한다. 이때 그 물건을 상인이 제시하는 그대로 2만 5천 원에 구입하는 사람과 제품의 질이나 실제 시장가를 잘 알고 5천 원에 구입하는 사람 중 어느 쪽이 되고 싶은가?

전자는 제품에 대한 양질의 정보가 없으니 덤터기를 썼어도 잘 샀다고 착각할 가능성이 높다. 내가 충분한 정보를 가지고 있지 않다는 사실조차 모르기 때문이다.

물건을 살 때뿐만 아니라 다른 모든 일에 있어서 부당한 일을 당하거나 손해를 보지 않으려면 정보를 가지는 것이 중요하다. 또한 최고의 선택을 하려면 그 분야의 생태계를 잘 알아야 한다. 그 세계에 대한 정보가 많을수록 합리적인 결정을 할 수 있으니까. 다각도로 생각지 않고 내가 가진 지식 수준에만 머무른다면 더 많은 정보를 가진 자에게 이용당하기 쉽다.

나는 터무니없는 가격에 물건을 사는 사람들이 안타까웠고, 내가 아는 선에서, 그리고 할 수 있는 선에서 정보를 주고 싶었다. 그런 내 마음이 전해졌는지 흥정 영상은 곧 폭발적인 반응을 얻었다.

나중에 나는 사람들이 왜 이 영상을 이토록 좋아하는지 다시 꼼꼼히 짚어보았다. 그래야 계속해서 인기 영상을 만들 수 있을 테니까. 그 결과 인기 콘텐츠가 되려면 어떤 요건을 갖춰야 하는지 조금 알 것 같았다.

첫 번째는 정보와 흥미가 모두 담겨 있어야 한다는 것이다.

하루에도 10만 개가 넘는 영상이 유튜브에 올라오는데, 그중 인기 콘텐츠는 단순 킬링 타임용인 스낵 콘텐츠거나 양질의 정보를 담은 지식형 콘텐츠 둘 중 하나인 경우가 많다.

하지만 흥정 영상에는 재미와 정보가 동시에 담겨 있다. 한국인들이 많이 가는 여행지인 베트남에서 흔히 겪는 흥정 상황과 함께 바가지를 쓸지도 모른다는 불안을 해소해줄 수 있는 정보가 담겼다. 실제로 댓글에서 많은 사람이 가격을 이렇게 깎을 수 있는 건지 몰랐다며 도움이 많이 되었다고 해주었다.

그러면서 재미도 놓치지 않았다. 사실 정보보다는 흥미도가 영상의 흥행을 좌우하는 것 같다. 이 영상에서는 상인과 심리 싸움을 펼치며 내가 원하는 가격으로 깎아나가는 과정이 마치 게임처럼 긴장감 있으면서 흥미진진했던 것이 주효했다.

두 번째는 유사 콘텐츠와의 차별화다.

당시 대부분의 여행 영상은 '관광'의 관점이었지만 내 영상은 '문화'의 관점에서 만들어졌다. 다른 영상들은 풍경을 보여주거나 관광 정보를 알려주는 데 그쳤지만 내 영상은 현지인들과 소통하며 현지 문화를 현장감 있게 전해주었다. 이 지점에서 여행을 좋아하는 사람들이 신선함을 느낀 것 같다.

또 하나를 덧붙이자면 시청자들의 공감대를 이끌어내야 한다는 것이다.

절반 정도 가격이면 대부분 만족했을 테지만 나는 이미 현지 가격을 알고 있었기에 6분의 1 가격까지 술술 깎아나갔다. '너무 많이 깎는다'라는 비판도 있었지만 소심해서 잘 못 깎는 분들이 나의 단호한 태도에서 속 시원한 대리 만족감을 느꼈다는 피드백을 많이 보내주었다. 이런 시청자들의 공감 정도도 영상의 흥행에 중요한 요인인 듯하다.

이때를 기점으로 나는 영상을 기획할 때 이 세 가지 요건을 고려하게 되었다. 그리고 그저 재미있기만 한 영상보다는 '왜 이 영상을 공유하는가' 하는 이유를 생각하게 되었다.

누군가가 궁금했던 점을 풀어준다든가, 유용한 정보를 준다든가, 그저 보고 있으면 힐링이 되어도 좋다. 그런 점들을 염두에 두고 만든 여행 영상들은 실제로 인기가 많았다.

벤탄 시장 흥정 영상은 세계여행 경비를 현지에서 벌어보겠다는 나의 목표를 빠르게 실현시켜준 감사한 주제였고, 동시에 양질의 정보를 미리 갖추는 일이 얼마나 나에게 유리한 것인지 깨닫게 해준 소중한 경험이었다.

세계여행 하면 다 욜로인가요?

생산적 욜로 # 일상을 여행하는 법

세계여행을 마치고 돌아왔을 때 강연 요청이 들어왔다. '욜로, 내가 원하는 삶이 펼쳐진다'라는 주제로 200명 앞에서 강연을 해달라고 했다.

하지만 '욜로'라는 말이 걸렸다. 욜로(YOLO)는 You Only Live Once(인생은 한 번뿐이다)의 앞 글자를 딴 것으로 한 번 사는 인생이니 내가 하고 싶은 대로 살자는 의미로 쓰인다. 요즘엔 이 말이 미래는 생각하지 않고 현재에 집중해 대책 없이 즐기고 소비하는 라이프스타일로 여겨지는 것 같다.

전 재산 380만 원을 들고 세계여행을 했으니 그들의 눈엔 내가 욜로를 추구하는 일부의 요즘 젊은이처럼 보였을 것이다. 또 취업이라는 정규 코스를 벗어나 하고 싶은 일을 하면서 살아가는 모습이 이 주제와 잘 맞는다고 생각하신 것 같다.

그런데 사실 나는 욜로라는 삶의 방식에 동의하지 않았다. 심지어 욜로라는 개념은 기득권층이 돈벌이를 위해 만들어낸 마케팅 전략이라는 의심까지 할 정도였다. 욜로적 사고가 우리 미래를 망칠 수도 있다고 공공연히 이야기하기도 했다.

나는 욜로적 삶을 살기 위해 세계여행에 나선 것이 아니었다. 여행을 통해 돈을 벌 수 있겠다는 계산이 서지 않았다면 애초에 떠나지도 않았을 것이다. 누군가는 이런 내 태도를 속물적이라거나 꼰대 같다고 비난할지도 모르겠다.

하지만 나는 비빌 언덕이 없다. 엄마 카드도 없고 아빠 대출도 없다. 하루하루가 숨만 쉬어도 돈이 들어가는 현실이고 내 힘으로 살아나가야 한다. 대학도 졸업했으니 사회적 안전망을 스스로 만들어나가야 하는 사회인이다.

돈 한 푼 없는 상황에서 욜로는 무슨 욜로, 죽도록 일해 기반을 닦아나가는 게 내 앞에 닥친 급선무였다. 내게 욜로적 삶은 나이가 들어 은퇴를 하고 여생을 편안하게 즐길 수 있을 때나 누릴 수 있는 거였다.

그러니 강연을 수락할 수가 없었다. 주최 측이 제시한 강연료가 내 기준에선 꽤 높았지만 정중하게 거절했다. 돈은 중요하지만 돈이 전부는 아니다.

물론 현재를 완전히 포기하고 미래만을 바라봐야 한다고 생각하진 않는다. 나도 그렇게 살 수는 없을뿐더러 치열하게만 보내는 시간들은 삶을 영 퍽퍽하게 만든다. 다만 자신을 소중히 여긴다면 더더욱 미래를 준비해야 한다고 생각할 뿐이다.

욜로적 가치관을 따른다면 미래를 위해 현재를 희생하지 않으니까 지금 이 순간은 행복할 수도 있다. 하지만 시간이 흘러 돌아봤을 때 과연 과거 내 모습에 완전히 만족할 수 있을까?

'아~ 내가 그때 그러지 않았다면 지금 더 나은 삶을 살고 있을 텐데…' 하는 후회가 들진 않을까?

개인적인 성향의 차이도 물론 있을 것이다. 나는 지금 이 순간의 만족보다는 내일에 대한 희망에서 더 큰 행복을 느끼는 사람이다. 그것을 깨달은 것은 고등학교 때였는데 계기는 단순했다.

일주일 중에서 금요일 아침이 가장 행복했는데, 다음 날이 주말이기 때문이었다. 반대로 가장 불행한 날은 일요일 아침, 다음 날 학교에 가야 하니까.

내 기분은 그날의 일보다는 내일이 어떤 날인가에 훨씬 더 영향을 많이 받았다. 아마 많은 사람이 나와 비슷하지 않을까? 그래서 이때부터 근본적으로 사람의 행복은 미래를 향해 있는 게 아닐까 하는 생각을 갖게 되었다. 열정이란 가슴을 설레게 하는 미래의 가능성에서 나오는 것이니까.

지금도 마찬가지다. 내가 좋아하는 일로 성공할 수 있다는 미래에 대한 희망이 나를 항상 들뜨게 만든다. 그래서 나는 인생은 한 번뿐이니까 매순간 좋아하는 일을 열심히 하자고 다짐한다.

지금 이 순간을 즐기면서 소비하기보다 지금 이 순간에 충실히, 내 미래에 도움이 될 것 같고 내가 할 수 있는 건 뭐든 해보고 싶다. 그러니까 굳이 말하자면, 내가 추구하는 건 소비적 욜로가 아닌 생산적 욜로라고 할 수 있다.

한창 세계여행을 다닐 때 인스타그램으로 꽤 많은 분들이 메시지를 보내왔다. 대개 현재 상황이 불만족스럽거나 마음이 힘든 분들이었다. 그래서 세계 여기저기를 다니는 나를 보면서 어떤 걸 깨달았는지, 내가 여행을 하면서 얼마나 행복한지를 듣고 싶어 했다.

만약 굉장한 무언가를 얻을 수 있다면 당장이라도 모든 걸 뒤로 하고 세계여행을 떠나겠노라 말하는 이들에게 나는 어떤 말을 해줘야 할지 고민이 되었다.

혼자서 배낭여행을 한다는 것은 매순간 선택을 해야 한다는 의미다. 생각하지 못한 고난도 수시로 겪는다. 그 과정에서 대처하는 방법을 배우고, 내적 성장을 경험할 수 있다.

여행은 분명 자신을 새로운 환경에 던져놓을 수 있는 효과적인 방법이다. 익숙함에서 벗어나 낯선 환경에서 더 성장하고 영감을 받을 수도 있다.

그런데 그 모든 것이 세계여행을 갔기 때문에 얻을 수 있는 것일까?

나는 그렇게 생각하지 않는다.

여행에서 뭔가 더 많이 느끼고 배우는 것처럼 보이는 건 관성에서 벗어난 환경이기 때문이다. 관성이란 멈춰 있으면 계속 멈춰 있으려고 하고 움직이는 것은 계속 움직이려는 법칙을 말하는데, 일상생활에서 새로움을 느끼지 못하는 건 늘 하는 루틴에만 매몰되어 있기 때문이다.

일상에서도 새로운 일에 도전하고 불가능해 보이는 일에 부딪쳐본다면 세계여행만큼, 아니 그 이상으로 관성에서 벗어나 새로운 나를 발견하고 어려움에 대처하는 방법을 배울 수 있다.

세계여행에서도 한국인들만 만나 교류하며 관광지 사진을 찍고, 시시각각 스마트폰으로 한국 뉴스와 방송을 본다면 그곳이 어디든 큰 차이가 있을까?

그러니 꼭 여행을 가야 나 자신을 찾을 수 있다거나 새로운 가치를 얻을 수 있다고 생각하지는 않는다.

결국엔 태도의 문제다. 여행을 가면 평소 입지 않던 스타일의 옷도 사게 되지 않는가? 한국에선 해보지 않은 일도 여행을 왔으니 한번 해보자고 용기 내어본 적이 있지 않은가?

그런 태도를 일상에서도 유지하면 어떨까.

지금 나에게 주어진 환경에서 뭔가에 도전해보고 성취하며 성장할 수 있다. 관성에 저항하며 도전해나가는 일상의 삶도 여행에서 얻는 것만큼 큰 가치가 있다고 믿는다.

모두가 먹고 싶어 하지만 사냥에 나서는 건 소수에 불과하다.

Everyone wants to eat but Few are willing to hunt.

이스라엘에서 현지인 가정집에 놀러갔을 때 텔레비전에서 사자에 대한 다큐멘터리를 방송하고 있었다. 그때 본 다큐멘터리의 내레이션 일부다.

모든 사자는 배불리 먹고 싶어 하지만 아주 소수의 사자만 사냥을 한다. 그리고 그런 실천력 있는 사자들이 음식을 마음껏 먹을 수 있고 왕으로도 추대받는다.

그 방송을 보고 실천의 중요성을 다시금 새겼다. **모든 사람은 좋은 집에 살고 좋은 차를 타고 좋은 옷을 입고 싶어 한다. 그런데 그것을 이루기 위해 치열하게 도전하고 행동하는 사람은 소수에 불과하다.**

가지고 싶은 걸 얻으려면 그만큼 노력해야 하고 리스크를 감당해야 한다. 지극히 진부한 이 논리를 난 가끔 잊고 사는 것 같다. 그래서 이 문장을 핸드폰에 저장해두고 시간 날 때마다 찾아보고 있다.

Chapter 2

사업은 재벌 2세만 하는 게 아니잖아요

아주 사소한 나만의 비즈니스

GO

집이 망했다…
이거라도 팔아볼까?

나의 첫 사업 # 작은 성공의 경험

"엄마, 학교 다녀왔습니다!"

항상 간식과 함께 반겨주던 엄마의 목소리가 들리지 않았다.

"엄마! 나 왔다고!!"

가방을 내려놓고 안방으로 들어가니 엄마와 이모가 심각한 표정으로 대화를 나누고 있었다. 집안에 적막감이 무겁게 내려앉아 있었다.

두 시간쯤 지났을까. 엄마는 누나와 나를 안방으로 불러 차분히 말을 이어나갔다. 아빠가 빚보증을 섰는데 일이 잘못돼서 이사를 가야 한다는 것이었다. 10년 동안 해오던 누나의 바이올린, 2년째 연주해온 내 플루트까지 팔아야 했다. 나는 초등학교 6학년이었고, 누나는 중학교 2학년이었다.

얼마 뒤 우리는 방 2개짜리 집으로 이사를 했다. 막 사춘기에 접어든 때에 내 방 없이 거실에서 공부하고 자며 2년을 보냈다. 부유한 집에서 자랐고 전업주부였던 엄마는 난생처음 겪는 경제적 위기 앞에 사회에 나가서 뭐라도 해야 했다.

엄마는 평소 옷을 좋아했고 사람들을 편하게 대하는 성격을 살려 옷가게를 시작했다. 마흔이 다 된 나이에 운전도 새로 배웠다. 동대문 시장에서 여성복을 사입해 팔았기 때문에 내가 엄마를 따라다니며 짐을 들어주곤 했다. 나는 마침 중학교 입학 전 방학 중이었고 아버지는 직장에 가야 하니 내가 짐꾼이 된 것이다.

아마 짠한 장면을 그릴지 모르겠는데 사실 그렇지만은 않았다. 어린 내게 동대문 시장은 신세계였다. 수없이 많은 여자 옷과 액세서리들이 여기저기 널렸는데, 문방구에서 파는 것보다 훨씬 세련되고 예쁜 액세서리들이 도매 가격이라 아주 저렴했다.

'와 이런 곳이 있구나.'

눈이 휘둥그레져서 탐험하듯 그곳을 누비고 다녔다.

중학교에 입학한 뒤에도 엄마를 가끔 따라다녔다. 그때 학교에서 자주 어울리던 두 친구가 있었는데, 동대문을 왔다 갔다 하면서 이 친구들과 도매 액세서리를 팔아서 용돈을 벌면 어떨까 하는 생각이 들었다.

한 친구는 키가 학교에서 가장 크고 얼굴도 굉장히 잘생겼었다. '용모 단정'은 영업 사원에게 큰 장점이 되지 않는가. 다른 한 친구는 중2 때 아이스박스에 얼음과 음료수를 가득 담아 불곡산 정상에서 3배 가격에 팔아서 용돈을 벌었을 정도로 도전 정신이 강했다. 이 친구들과 함께라면 해볼 수 있을 것 같았다.

두 친구를 불러놓고 액세서리의 원가를 알려주면서 내 계획을 말했다.

"액세서리를 내 용돈으로 다 사올 테니 같이 팔아보자. 얼마에 팔리든 원가를 제외하고 이익금에서 내가 절반을 갖고 나머지 절반은 둘이 나누는 거지. 아, 물론 물건이 팔리지 않으면 재고 리스크도 내가 지는 거야."

친구들도 재미있겠다며 내 제안을 받아들였다. 바로 실행에 들어갔다. 나는 용돈을 받으면 모아두었다가 모두 동대문에서 액세서리를 사는 데 투자했다. 엄마의 도움을 받아서 예쁜 액세서리들을 저렴한 가격으로 다량 구매했다.

그때는 축구에 미쳐 있을 때라 방과 후에는 친구들이랑 축구하는 일상이 전부였는데 동대문 액세서리 사업을 구상한 이후에는 축구는 안중에 없었다. 학교가 끝나면 우리 셋은 각자 중고등학생들이 많이 모이는 번화가로 흩어져서 액세서리를 팔았다.

나는 당시 분당의 유일한 여고 주변에 가서 야간 자율 학습이 시작되기 전에 나오는 누나들을 공략했다. 친구들끼리 우르르 몰려나오는 누나들이 주로 분위기에 휩쓸려서 많이 사주었던 것 같다. 저렴하게 가져온 물건은 원가의 3배 가격에도 팔았고, 가격이 조금 높은 신상품은 최저 마진 1.5배 정도만 남기고 팔았다.

저녁 9시쯤 세 명이 다시 모여 정산을 했다. 그리 큰돈은 아니었지만 학교에서 부잣집 아이들이 받는 용돈보다 항상 우리가 돈이 더 많았다. 학교 근처 치킨집에 매일 가서 치킨을 부담 없이 먹을 수 있을 만큼 넉넉했다.

중학교 2학년에 올라가면서 장사는 멈추었다. 아무래도 부모님들 입장에선 어린아이들이 길거리에서 물건을 파는 걸 많이 걱정했기 때문이다. 이제 공부에 좀 신경을 써야 할 때이기도 했다.

지금 생각하면 이것이 내 첫 사업 경험이었다. 운이 좋았던지 사업이 꽤 성공적이었으니, 자아도취에 빠지기도 했다. 집으로 돌아와선 (내 방이 없으니) 거실에 누워서 그날 번 돈을 다시 세어

보곤 했다. 그러곤 '이러다 재벌 되는 거 아냐?' 하는 행복한 상상을 하면서 잠들었다.

그 일 덕분에 어려운 집안 형편에도 불구하고 한 번도 불행하다 느끼거나 좌절하지 않았던 것 같다. 돈 때문에 집안이 어려워졌지만 그렇다고 돈을 미워하거나 세상을 원망하진 않았다. 이 모든 게 돈 때문이라면 내가 돈을 벌겠다는 생각이었다.

사실 결핍만큼 강력한 동기 부여는 없다. 오히려 집안의 경제 위기가 나에겐 기회이기도 했다.

싸게 사서 비싸게 판다는 단순한 장사의 원리, 못 팔면 손해는 고스란히 내가 감수해야 한다는 냉혹한 자본주의 세상을 나는 몸으로 배웠다. 학교에서 열심히 공부만 했다면 몰랐을 인생을 실전으로 일찍 체득한 것이다.

더군다나 성공이라는 결과는 나에게 자신감을 빵빵하게 충전해주었다. 집이 망했어도 내 방이 없어도 주눅 들지 않았다.

내 인생은 뭐든 좋은 방향으로 흘러갈 테니까!

그런 믿음을 갖게 되었다.

경험하면 믿게 된다. 불행하게 느껴졌던 가정의 경제 위기가 오히려 나의 능력을 발견하는 계기가 되었고, 그렇게 작은 성취의 경험들을 조금씩 쌓아온 덕분에 15년 뒤 나는 더 큰 사업에도 거침없이 도전할 수 있었다.

자본금 찾기 전에 내가 가진 자원부터

무자본 창업 # 6개월 만에 1억 매출

어느덧 유튜브 구독자 8만이 되었을 때다. 영어를 유창하게 잘하는 건 아니지만 외국인들을 무리 없이 인터뷰하는 모습을 보고 구독자들이 내게 영어를 어떻게 배웠냐고 자주 물었다.

어눌하긴 하지만 자신 있게 대화를 이어가는 걸 보면서 구독자들은 '원어민만큼 잘하긴 어렵겠지만 재 정도는 나도 해볼 수 있겠다' 하는 희망을 갖지 않았을까. 말하자면 내가 매우 현실적인 롤모델이 된 셈이다. SNS DM과 개인 메일로 그런 문의를 계속 받다 보니 이런 생각이 번쩍 들었다.

'다른 사람들도 내가 영어를 배운 방식으로 공부하면 빠르고 효율적으로 실력을 올릴 수 있을 텐데… 이걸로 사업을 한번 해 볼까?'

앞서 이야기한 것처럼 나는 대학에서 외국인 유학생들에게 한국어를 가르치면서 영어를 배웠다. 처음 시작할 때만 해도 내 영어회화 실력은 초등학생 수준에 불과했는데, 1년쯤 지나자 놀랍게도 외국인 유학생 친구들의 말을 거의 알아들을 수 있었다.

미국에서 어학연수를 하고 돌아온 친구보다 내 영어 실력이 나을 정도였으니, 내가 공부한 방식으로 다른 사람들도 영어를 배운다면 큰돈 들이지 않고도 영어 실력을 늘릴 수 있지 않을까.

사업 아이템은 있는데, 언제나 그렇듯 문제는 돈이었다. 아직은 영상 수익이 불규칙하게 들어올 때였고, 매달 나가는 돈도 많아서 저축할 여력이 되지 않았다. 내 통장 잔고는 고작 20만 원 정도였다.

20만 원으로 사업을 한다고 하면 누구든 코웃음을 칠 거다. 그렇지만 그때 내겐 구독자 8만 명의 유튜브 채널이 있었다. 이 채널을 활용하면 마케팅 비용은 일절 안 들 테니 우선 작게 시작해 보기로 했다.

아이디어는 이랬다. 한국에 체류 중인 영어권 원어민들과 영어를 배우고 싶어 하는 한국 학생들을 연결해주는 거다. 좀 거창하게 말하자면 '영어 스터디 매칭 플랫폼 사업.'

당시 나는 스물일곱, 아직 대학교 3학년 재학 중이었다. 난생처음 개인사업자 등록을 하려고 구청에 갔는데 구청 직원이 혹시 대리 창업을 부탁받았냐고 물었다.

스물일곱이 사업을 시작하기에 그리 어린 나이인가?

십대 시절 이미 작은 장사를 경험해본 나는 조금 의아하기도 했다. 하지만 개인사업자 등록은 처음이니 진짜 사업가가 된 것 같은 기분이 들었다.

거리에 나가면 널린 게 영어학원이다. 건물 곳곳에서 영어학원 간판을 찾는 게 어렵지 않다. 나는 자본금도 사무실도 없는데, 쟁쟁한 대형 학원들과 어떻게 경쟁해서 승산을 보겠는가. 뭔가 차별화 전략이 필요했다.

내가 가진 무기는 고용할 영어 원어민들이 모두 한국어를 잘한다는 것이었다. 한국어와 영어에 모두 능통한 만큼 두 언어 체계를 다 꿰뚫고 있을 테고, 그건 영어를 배우려는 한국 학생들을 더욱 효과적으로 가르칠 수 있다는 걸 의미했다.

게다가 당시 100만 조회 수를 훌쩍 넘기며 인기를 끌었던 내 인터뷰 영상에 출연한 원어민 친구들을 고용한다면, 그들의 팬이 된 구독자들을 초기 고객으로 확보할 수도 있을 것 같았다.

한국에서 일할 수 있는 비자를 가진 원어민들을 찾아서 면접을 보고 고용했다. 각 선생님의 수업 커리큘럼을 완성한 뒤 이 사업을 알릴 홍보 영상을 하나 만들었다. 그게 바로 '한국에 사는 백인들'이라는 영상이다. 원어민이 백인만 있는 건 아니지만 많은 사람이 생각하는 '영어 하는 사람'은 백인이라는 점을 이용해서 시선을 끌 수 있는 제목을 달았다.

예상은 적중했다. 열흘 만에 200만 조회 수를 돌파할 만큼 이 영상에 대한 시청자들의 관심은 뜨거웠고 스터디에 대한 문의가 쏟아졌다. 선생님이 부족해서 더 이상 접수를 받지 못할 지경이었다. 첫 17일간의 매출이 무려 1600만 원, 그다음 달엔 2300만 원, 또 그다음 달엔 3500만 원을 넘어섰다.

그렇게 단 6개월 동안 1억 원을 벌었다.

고객들이 수업을 신청하면 수강료를 선불로 받아 선생님들의 강의료와 스터디룸 대여비를 지급하는 식이었기 때문에 초기 자본이 전혀 들지 않았다. 나는 매칭 수수료를 받아 돈을 벌 수 있어 좋았고, 고객들은 우수한 원어민 영어회화 수업을 일반 학원보다 훨씬 저렴한 수업료로 수강할 수 있었다.

그뿐만 아니라 대부분 학생, 선교사 신분이던 원어민 선생님들에게도 추가 수입이 생기는 거였으니 삼자 모두에게 이로운 사업이었다.

사업이라고 하면 모두 거창하게 생각한다. 사업은 돈이 많아야만 할 수 있는 것이고 우리처럼 평범한 사람들은 어디 좋은 회사에 들어가는 게 최상의 시나리오라고 여긴다.

그러나 사업에 반드시 자본금이 필요한 건 아니라는 사실을 나는 이 일을 통해 알게 되었다. 내가 가진 자원을 명확히 파악하고 아이템을 찾는다면 얼마든지 돈을 벌 수 있다는 확신을 갖게 된 것이다.

1년 뒤 이때의 성과를 정리해 '대학생 때 사업해서 6개월간 1억 원 벌었습니다'라는 영상을 만들어 올렸다. 많은 사람이 댓글로 사업에 대한 조언을 구해왔다. 하지만 별로 해줄 말이 없었다.

아나운서라는 꿈을 좇다가 우연히 유튜브 채널을 시작했고, 외국인 인터뷰 영상을 찍어 올렸다. 구독자들의 관심과 그들이 달아주는 댓글에서 아이디어를 얻어 일단 한번 해본 것이 전부였다.

저마다 가지고 있는 환경도 재능도 다 다른데 남의 일에 대해 어떻게 쉽게 말할 수 있겠는가. 그런 사람이 있다면 오히려 경계해야 할지도 모른다.

다만 내가 할 수 있는 말은 자신이 가진 걸 잘 살펴보라는 것이다. 쥐뿔도 가진 게 없다고? 사업을 하기 위해 어마어마한 재능이 필요한 게 아니다. 내가 한 사업들을 보라. 별로 대단한 게 없다. 나의 경우는 전공도 별 의미가 없었다. 경영학과를 나왔지만 재무제표 보는 법도 다 잊었으니까.

한때 스타트업 하는 사람들과 네트워킹을 하며 많은 대화를 나눈 적이 있다. 그들은 공통적으로 '어쩌다 보니' '하다 보니' '방향을 계속 수정해나가다 보니' 성공에 이르러 있었다고 말했다. 잘 알다시피 전 세계 시가총액 5위의 페이스북 창업 스토리도 그리 대단하지 않다.

페이스북이 처음 서비스를 내놓았을 때 지금의 담벼락 기능을 계획했을까? 하다 보니 계획이 수정되고 새로운 아이디어가 생겨나고 그렇게 발전을 거듭해 지금에 이른 게 아닌가.

아무리 사소한 것이라도 좋다. 자신이 가진 것을 한번 쭉 써보라. 대부분의 사람들은 당연히 스스로를 잘 안다고 생각하는데 그렇지 않다. 나 자신을 제대로 파악하는 데도 노력이 필요하다.

자본금을 걱정하기 전에 내가 가진 것을 파악하라. 투자를 받더라도 내가 어필할 게 없는데 어떻게 받겠는가. 밖에서 뭘 받을지 생각하기 전에 내 안에 뭐가 있는지 파악하는 게 먼저다. 내가 가진 아주 작은 자원이 엄청나게 큰 결과를 가져올 수 있다.

근거 없는 자신감은 폭망을 부른다

법인회사 창업 # 자잘한 노력을 쌓는 일

영어 스터디 사업은 순조로웠다. 1년이 지나 대학 4학년이 되었고 친구들은 토익 공부 등 취업 준비에 여념이 없었다. 나는 이미 대기업에 간 친구들의 월급보다 훨씬 더 많이 벌고 있었다. 대학생에게는 넘칠 정도의 큰돈이었다. 그러나 관련 경험 없이 시작한 일인 만큼 고민도 늘었다.

사업 자금이 전혀 없이 시작할 수 있었던 순전히 사람이 전부인 사업이기 때문이었다. 그러니 '사람 관리'를 잘해내는 것이 이 사업의 성패를 좌우할 만큼 중요했다. 그런데 나 혼자 학생들과 원어민 선생님들을 관리하는 게 힘에 부쳤다.

수강생 최대 정원 6명에 1명의 원어민 선생님으로 이루어지는 클래스였기에 적극적인 학생들이 더 많은 말을 할 수밖에 없었다. 그러다 보니 몇몇 학생의 부모들은 자녀가 말을 많이 못해서 돈이 아깝다고 항의하기도 했다. 학생들도 본인이 내성적이라 사람이 많으면 영어로 말이 안 나온다고 환불을 요구하는 경우가 종종 있었다.

고용한 선생님도 10명이 넘어가다 보니 가끔씩 수업 준비를 철저히 안 해오거나 수업 시간을 정확히 지키지 않는 등의 선생님 문제로 학생들로부터 불만 사항도 이따금 나오던 시기였다.

직원을 고용해야 할까?

그러면 사업을 좀 더 효율적으로 확장할 수 있을까?

이런 고민을 하던 때에 성공한 사업가들을 많이 만나게 되었다. 주위에서 다른 사업을 제의하기도 하고 사업가들을 많이 소개해줬기 때문이다.

그중에는 월 매출이 적게는 10억 원에서 많게는 50억 원에 이르는 분도 있었다. 그런 사람들을 보니 나도 욕심이 생겼다. 좀 더 수익이 많이 날 만한 사업을 구상하기로 했다. '내가 더 잘할 수 있는데' 하는 밑도 끝도 없는 혈기가 끓어올랐다.

더 높이 도약하고자 할 때는 우선 한 발 물러서야 하지 않겠는

가. 고민 끝에 잘되고 있던 영어 스터디 사업을 접고 겁도 없이 법인회사를 차렸다. 강남구 서초동에 사무실도 얻었다.

케이팝, 케이드라마의 인기에 힘입어 해외에서 한국 여성복에 대한 관심이 높아지고 있었지만, 국내의 쇼핑몰들은 대부분 해외 판매 서비스를 제공하지 못하고 있었다. 인기 있는 쇼핑몰들을 하나의 플랫폼에 모아서 해외 판매를 중개하면 큰돈이 오가는 의미 있는 사업이 될 거라고 생각했다.

그 후 9개월 동안 가족, 친구들과의 식사 시간도 아까울 만큼 새 사업에 내가 가진 모든 시간과 에너지 그리고 돈을 쏟아부었다. 그러나 결과는 처참했다.

배경 지식도 없고 평소 관심도 없던 분야에 돈만 보고 뛰어든다는 게 얼마나 무모한 짓인지, 가진 돈을 다 잃은 뒤에야 깨달았다. 하나하나 쌓으며 배우고 이루어내는 게 우선인데 그 과정을 생략하고 잘된 사람들만 보며 한 방을 꿈꿨으니….

사람들은 성공한 이들을 향해 '운이 좋다, 쉽게 돈 번다'고 말한다. 그런데 그건 단순히 겉으로 드러난 결과만 보고 말하는 것이다. 그 결과가 나오기까지 그 사람이 어떤 노력을 어떻게 했는지는 모른다. 얼마나 자잘한 노력들을 쌓고 쌓았을지, 겉으로 보기엔 알 수 없다. 그 노력은 근육처럼 눈에 보이는 것도 아니고,

90점, 100점처럼 수치화되지도 않는다.

모든 노력이 쌓여 '빵 터졌을 때' 사람들은 말한다.

"어떻게 저렇게 성공했지?"

"운이 좋았나?"

"나도 하면 되겠지?"

나도 그랬다. 그들의 성공이 쉬워 보였고 아이디어만 있으면 되는 줄 알았다. 계단 하나하나를 오르는 데 필요한 무수한 힘은 생각하지 않고 한 번에 뛰어오를 수 있을 줄 알았다. 그 높은 곳에 있는 사람들만 올려다보면서.

언제나 무기라고 생각했던 자신감이 독이 될 수도 있다는 걸 그때 깨달았다. 자신감으로 무모한 일에 도전하기보단 현재 내가 할 수 있는 일을 성실하게 해나가는 것이 장기적으로 볼 땐 훨씬 큰 성과를 가져올 수 있다.

두 번째 사업을 그만두기로 결정했을 때 모든 게 끝났다고 생각했다. 잠시 활짝 만개하고 땅바닥에 우수수 떨어지는 벚꽃잎처럼 다시는 올라가지 못할 수도 있겠다고 생각했다.

순간의 성공, 바로 이어진 자만심.

TV에서 자주 보던 실패한 사람들의 공통적인 원인이었다.

그렇게 "내가 한때 이런 성공을 했었어!"라며 과거에 갇혀 사는 사람이 될까 두려웠다. 1억 원이 있던 통장 잔고는 1천만 원 남짓으로 확 줄었다.

'이제라도 취업을 해야 하나….'

눈앞이 깜깜하고 무엇부터 어떻게 시작해야 할지, 여러 가지 걱정이 가슴을 조여왔다.

하지만 인생은 계속된다. 이토록 힘든 순간에도 또 다른 새로운 기회가 계속 다가오고 있다는 믿음을 잃지 않으려고 노력했다. 특히 일과를 마치고 침대에 누우면 괴로운 생각이 쓰나미처럼 밀려와 끙끙대곤 했는데, 그럴 때마다 좋은 감정으로 잠들기 위해 생각만 해도 행복해지는 상상을 해보려고 애썼다.

잃은 돈의 액수가 그대로 찍혀 있는 통장을 펼쳐봤고, 어려울 때 나를 도와준 분들에게 선물로 감사한 마음을 전달했고, 언제나 나를 믿어주는 가족들과 고급 음식점에서 식사를 했다. 얼토당토않은 상상을 하려니 처음엔 쉽지 않았다. 스스로를 세뇌하는 것도 연습이 필요했다.

'다 잘될 거야. 더 크고 달콤한 성공 드라마를 위해 거쳐 가는 과정일 뿐이야. 책 한 권이 내 인생이라면 나는 이제 겨우 도입부에 있을 뿐이니까. 주인공이라면 언제나 겪는, 피해 가지 못하는 실패. 여기서 멈추면 실패에서 끝나지만 딛고 일어서면 성공의

발판으로 삼을 수 있다. 상한가를 위해 꼭 겪어야만 하는 조정에 무너지기엔 난 여전히 젊고 건강하다.'

미래에 좋은 뭔가가 다가오고 있다고 생각하니 마음이 편안해졌다. 물론 그게 뭔지는 몰랐다. 하지만 분명 뭔가가 오고 있다고 믿으며 스스로를 안아주고 달래줬다.

Fake it until you make it.

이뤄질 때까지 이뤄진 척하기.

자기 세뇌. 믿어보기로 했다. 이제 나에게 필요한 건 막연한 자신감이 아니라 나에 대한 믿음으로 바닥을 다시 단단하게 다지는 것이었다.

허무맹랑한 상상이 실제가 되는 힘

진정성과 신뢰 # 끌어당김의 법칙

막막함은 더 큰 막막함으로 이긴다! 이 일을 계기로 세계여행을 계획하게 된 것이다. 앞으로 뭘 하며 살아갈지, 더 넓은 곳에서 영감을 얻을 수 있으리라 생각했다.

실패를 경험하며 나는 더 치밀해졌다. 더 이상 자신감만 가지고는 안 된다. 전략이 필요하다. 여행하며 돈 벌 방법을 찾아야 했다. 현지에서 돈을 벌 방법들을 몇 가지 생각해봤는데, 그중 하나가 유튜브에 여행 동영상을 올리며 수익을 내는 것이었다. 대학 재학 시절 이미 유튜브 영상으로 큰 수익을 내본 적도 있었으니 불가능한 일도 아니었다.

만약 여행 영상들이 인기를 얻는다면 인풋 대비 높은 아웃풋을 내는 하나의 사업이 될 거라고 생각했다.

이런 예상은 세계여행을 시작한 지 한 달쯤 지나고부터 현실이 되었다. 벤탄 시장 흥정 영상이 터진 이후 그전에 올린 영상들도 덩달아 조회 수가 올랐고, 이후로 올린 스무 번째 영상까지 평균 조회 수가 60만 회를 웃돌았다.

베트남 호치민에 도착한 것이 4월 18일이었는데, 그다음 달인 5월 한 달만 여행 영상으로 얻은 수입이 약 480만 원 정도 되었다. 당시 베트남 한 달 생활비는 70만 원이면 충분해서, 나머지 410만 원은 고스란히 저축했다.

두 번째 사업을 정리한 지 14개월쯤 되던 때였다.

덕분에 여행을 떠난 지 석 달째쯤 됐을 때부터는 어머니께 용돈 100만 원도 드릴 수 있었고, 통장에 잔고를 늘려가면서 여행을 계속해나갈 수 있었다. 7개월 뒤에는 사업으로 잃었던 손실 금액까지 완벽하게 회복했다.

기대는 했지만 그렇게 빨리 수익 구조를 만들 수 있을 거라고는 생각지 못했다. 채널이 인기를 회복하자 새로운 영상 주제와 어울릴 만한 여러 브랜드에서 협업 제의가 들어왔다. 해당 브랜드 제품이나 서비스들을 사용해보고 후기를 영상으로 만들어서 업로드 해달라는 제안이었다. 자고 일어나서 메일함을 확인하면 하루 평균 3~5개 브랜드의 협업 제의가 들어와 있을 정도로 '희철리즘' 채널에 대한 기업들의 러브콜이 뜨거웠다.

하지만 여행을 시작한 지 두 달 정도밖에 되지 않아서 협업 영상을 너무 많이 올리면 자칫 광고 채널로 인식될 우려가 있었다. 게다가 협업 영상을 만들려면 수시로 광고주와 피드백을 주고받으면서 영상을 제작해야 하는데, 그러면 여행 영상에 집중할 수 없을 것 같았다.

무엇보다 '희철리즘' 채널을 믿고 찾아봐주는 구독자들과의 신뢰를 쌓는 것이 먼저였다. 무작정 눈앞의 돈만 보고 광고를 진행할 순 없었다.

모든 광고 제의를 정중히 거절하고 여행 영상 작업에만 매진했다. 그리고 여행 영상을 50개 이상 업로드한 뒤에야 첫 브랜드 광고 영상을 제작했다.

올리는 영상들마다 높은 조회 수를 기록하면서도 단 한 번도 광고를 하지 않았던 터라, 여행 시작 후 4개월 만에 올린 첫 광고 영상에 대한 구독자들의 반응이 더 좋았던 것 같다.

구독자들은 내가 만든 광고 영상을 진정성 있게 받아들여줬고, 이 광고로 해당 브랜드 서비스 참여도가 굉장히 높게 나타나 그

후로도 같은 회사로부터 여러 차례 협업 제안을 받았다. 이를 계기로 몇 개의 광고 영상을 더 진행하는 과정에서 나는 자연스럽게 광고 협업에 대한 나만의 원칙을 세우게 되었다.

- 내가 먼저 직접 이용해보고 좋다고 느낀 것
- 광고 영상은 최대 월 1회를 넘기지 않을 것
- 여행 채널인 만큼 여행 관련 브랜드만 협업할 것

이 기준에 부합하지 않아 거절한 광고가 정말 많았지만, 지금 생각해보면 장기적으로 채널이 건강하게 성장하는 비결이 되었다고 생각한다.

그렇게 인연을 맺은 회사는 영어교육업체 '야나두', 호스텔과 게스트하우스 실시간 예약 플랫폼인 '호스텔월드', 패키지여행사 '노랑풍선', 글로벌 호텔 체인 '베스트웨스턴' 등으로 내 원칙에 따라 정직하게 상품을 소개하려고 노력했다.

어느덧 나는 유튜브 영상 수익 외에도 광고 협업 수익까지 올릴 수 있게 되었다. 크고 작은 브랜드 협업으로 얻는 수익만 해도 많을 땐 한 달에 2천만 원에 달해 영상으로 얻는 주수입을 넘어설 때도 있다.

나와 같은 또래 친구들 중에는 지금의 2030 세대는 저주받은 세대라고 말하는 이들도 있다. 취업하기도 결혼하기도 출산하기도 녹록지 않은 세상을 한탄하면서 하는 말이다. 하지만 내 생각은 조금 다르다.

지금처럼 다각도로 수익을 낼 수 있는 시절이 과거에도 있었던가? 오히려 요즘은 좋아하는 일을 하면서 돈도 벌 수 있는 시대가 아닌가.

직업의 수가 제한되어 있던 시절엔 상상할 수 없었던 새로운 직업들이 생겨나 선택지가 훨씬 많아졌고, 마음만 먹으면 전에 없던 직업을 창출할 수도 있다.

물론 운도 좋았겠지만 이 모든 게 우연의 일치라고 생각하지는 않는다. 이종격투기를 좋아하는 내가 가장 존경하는 코너 맥그리거 선수는 이렇게 말했다.

"머릿속에서 보면 네 눈앞에서 실제로 보게 될 것이다."

맥그리거 선수는 무명이던 아마추어 시절부터 세계 최고의 단체 UFC에서 2체급 챔피언이 될 거라고 당당히 선언해왔다. 그러면서 본인은 매일 그 순간을 머릿속으로 상상하고 있다고 말했다. 그리고 5년 후 실제로 2체급 챔피언이 되었을 때, 그는 이 모든 것은 자신이 매일 상상한 그대로 눈앞에 나타난 결과이며, 끌어당김의 법칙에 따라 수학 공식처럼 이루어진 일이라고 말했다.

아인슈타인도 말하지 않았던가.

"상상은 삶의 핵심이다. 다가올 미래의 시사회다."

우리는 모두 자신이 생각하는 대로 미래를 만들어나갈 수 있다. 어떤 사람들은 이런 말을 허무맹랑하다고 폄하하기도 하지만 크고 작은 일들을 통해 이 사실을 실제로 경험해본 나로선 믿지 않을 수 없다.

좋은 감정과 좋은 기운은 좋은 일을 끌어당긴다.

그러니 실패 앞에서 너무 크게 절망하지 말라고 이야기하고 싶다. 오늘 나의 허무맹랑한 상상이 얼마 뒤 현실이 될 수도 있으니까.

내 기회를 스스로 빼앗진 말자

20대 무슬림 사업가들 # 나는 뭘 해도 된다

28간의 베트남 여행을 마치고 태국, 말레이시아를 거쳐 두바이로 넘어왔을 때의 이야기다. 새벽 비행기를 타기 위해 쿠알라룸푸르 공항에서 하룻밤을 보낸 탓에 많이 지친 상태였다.

두바이 공항에 도착한 건 밤 10시. 늦은 시간임에도 불구하고 살면서 한 번도 겪어보지 못한 뜨거운 바람이 숨통을 조여왔다.

마치 상자로 내 얼굴을 가두고 사방에서 헤어드라이기로 뜨거운 바람을 불어넣는 듯한 답답함. 1년 중 가장 덥다는 라마단 기간, 내게 두바이의 첫인상은 무더위를 넘어선 답답함 그 자체였다. 한밤이 그 정도였으니 다음 날 낮은 말할 것도 없었다.

그날은 친구가 소개해준 무슬림 대학생 두 명을 아부다비에서 만나기로 했는데, 엄청난 열기에 길거리에서는 사람을 찾아보기 어려웠다. 반면 에어컨 덕분에 시원한 초대형 쇼핑몰 안은 사람들로 가득했다. 이래서 두바이는 몰 문화가 발달했구나 싶었다. 지하철 역 이름도 몰 이름을 그대로 사용하는 경우가 많았다.

참을 수 없는 더위에 라마단 기간임을 깜빡하고 나도 모르게 생수병을 꺼내 입안에 들이부었다. 순간 저 멀리서 나보다 덩치가 두 뼘은 더 커 보이는 사나이가 소리쳤다.

"지금은 라마단 기간이야! 물 가방에 넣지 못해! 우리에게 존경심을 보여!"

무슬림 사회는 라마단 기간으로 정해진 한 달 동안 평균 새벽 4시~오후 7시까지 금식을 한다. 현지인들은 물론 외국인들도 실외에서는 물과 음식을 섭취할 수 없다.

'오우! 이게 외국인들에게도 엄격히 적용되는구나.'

뭐 어쩌겠나. 로마에 왔으면 로마법을 따라야지.

재빨리 사과하며 어제 도착해서 잘 몰랐다고 둘러댔다. 그는 굉장한 선심이라도 베푸는 듯, 다른 사람 같았으면 신고해서 벌금을 내야 했을 텐데 자기를 만난 걸 다행으로 알라고 말했다.

쉽지 않은 여행지가 되겠구나 하는 생각을 하면서 아부다비행 지하철에 올라탔다. 지하철에는 여성 전용칸이 있었는데, 남자들이 들어가면 벌금을 크게 낸다고 했다. 버스로 갈아타기 위해 티켓 창구에 들렀을 때도 남성 전용과 여성·아이 전용 창구로 나뉘어 있는 걸 볼 수 있었다. 뿐만 아니라 버스도 앞쪽은 여성과 아이들 전용석이라 남자들은 뒤쪽 비여성 구역으로 가서 앉아야 했다.

무슬림 문화권은 여성 차별이 심하다고 들었는데, 오히려 여성들을 배려하는 게 아닌가? 아직 무슬림 문화권에 대해 잘 모르던 상태라 혼란스러웠다.

2시간이 걸려 두바이에서 아부다비에 도착했다. 두바이와 마찬가지로 찌는 듯한 무더위가 엄습해 곧장 몰 안으로 들어갔다. 극심한 더위 탓에 두바이와 마찬가지로 아부다비도 몰 문화가 발달해 있었다. 하지만 실내외의 극단적인 온도 차로 오히려 감기에 걸릴 수도 있겠단 생각이 들었다.

친구의 소개로 나의 아부다비 여행을 도와줄 무슬림 대학생 A와 B는 약속 시간에 맞춰서 도착했다. 우리는 반갑게 인사를 나누고 이런저런 대화를 하면서 한식당으로 갔다.

식사를 하며 여러 이야기를 나누다 보니 무슬림 문화권에 대해 좀 더 깊이 알 수 있었다. 무슬림 관습에 억압되어 살아가는 여성으로서의 삶을 당사자들에게 직접 전해 듣는 일은 흔치 않은 경험일 것이다. 덕분에 지하철과 버스에서 여성을 배려하는 게 아닌가 했던 내 생각도 오해였다는 걸 알게 되었다. 그 모든 것이 여성들을 약자로 간주하고 남자들의 보호 아래에만 두려고 하는 관습의 일종이라는 것이다.

이래서 다른 문화를 슬쩍 보고 판단해선 안 된다. 게다가 나는 남자니까 남성의 관점에서 생각하기 쉽기 때문에 반드시 당사자들의 말을 들어봐야 한다.

그들을 만나 이야기 나눌 수 있었던 건 정말 행운이었다. 대부분의 무슬림 여성들은 사실 자신들의 종교를 나쁘게 말하고 싶지 않아서 불만이 있어도 속으로만 품는다는 이야기를 듣기도 했다. 그런데 이제 스무 살, 스물한 살 된 이 친구들은 달랐다.

특히 A는 정말 진취적이었다. B는 본인이 유튜브에 나와서 무슬림을 안 좋게 말했다는 걸 가족이 안다면 집에서 쫓겨난다며 모자이크를 해달라고 했지만, A는 어차피 언젠가는 알아야 할 일이라 상관없다며 담담하게 말했다.

여느 아랍에미리트 여성들처럼 검정색 옷과 스카프로 온 몸을 가리고 온 B와 달리 A는 흰색 티셔츠에 청바지를 입고 있었다. 옷 입는 스타일이나 헤어스타일이 한국에서 유행하는 스타일이었다.

하지만 그보다 더 놀라운 일은 따로 있었다.

두 사람과 한인 식당에서 한창 식사를 하고 있는데, 식당 주인이 이렇게 말하는 거다.

"물건 도착했으니 이따 실어가세요."

주인아주머니의 말이 끝나자 B가 짐을 옮길 대형 자동차를 부른다며 어딘가로 전화를 걸었다. 내가 그게 뭐냐고 묻자 A가 하나하나 보여주었는데, 8~10개 정도 되는 박스에 한국 과자들이 꽉꽉 담겨 있었다. 그들은 한국 과자를 수입해서 아부다비 시내의 소매점에 납품한다고 했다.

"뭐? 그럼 너희 둘이서 사업을 하는 거네? 정말 멋지다! 이거 가족들도 알아?"

"가족이 알면 우린 죽어."

A는 살벌한 표현과는 달리 미소를 지어 보였다. 순간 망치로 머리를 한 대 얻어맞은 것같이 멍해졌다가 이윽고 수많은 생각이 머릿속을 휘젓고 다녔다.

법으로 금지되진 않지만 무슬림 국가들 중에서도 특히 보수적인 아랍에미리트 관습상 여성들의 사회 진출, 게다가 개인 사업은 감히 꿈조차 꾸기 힘든 일일 것이다. 그럼에도 불구하고 이들은 시도했고, 그때까지 6개월 동안 이 일을 이어오고 있었다.

처음엔 그저 한국 문화가 좋아서 배송비 정도만 더해 받고 친구들에게 파는 정도였지만, BTS 덕분에 한국 문화에 대한 관심이 높아지는 걸 보고 사업을 시작하게 됐단다.

덕분에 두 사람은 이 일로 각각 한 달에 200~300만 원 정도의 순이익을 내고 있었다. 불과 20대 초반의 나이에 말이다.

나라면 이들처럼 할 수 있었을까? 오랫동안 견고하게 지켜진 사회적 틀을 박차고 나가는 용기를 낼 수 있었을까?

쉽지 않은 일 같았다.

그게 얼마나 대단한 일인지 실감하자, 이 친구들이 이런 작은 성공들을 경험하면서 언젠가 많은 사람에게 영향력을 끼칠 수 있는 사람이 될 거라는 생각이 들었다.

그렇다. 살면서 해도 되는 일과 안 되는 일의 구분은 오직 내 머릿속의 선으로만 나뉘는 거다. 법을 어기거나 다른 사람에게 피해가 가는 일이 아니라면 그 선을 지우고 그냥 해보면 되는 거다. 해보기 전에는 절대 결과를 알 수 없으니까.

다른 사람들이 나를 거절할지라도 내가 나에게 줄 수 있는 기회까지 없애서는 안 된다. 할 수 있다는 마음에서부터 그에 걸맞은 아이디어도 떠오르는 게 아닐까.

할 수 있다.

나는 할 수 있다.

여기에서 모든 것이 시작된다.

그냥 해보는 거다. 안 된다는 건 머릿속에만 존재하는 생각일 뿐이다. 해보기 전에는 어느 누구도 정답을 내주지 못한다는 걸 나는 아부다비에서 나보다 거의 열 살은 어린 두 친구를 보면서 다시 한 번 마음속으로 되뇌었다.

최고가 아닌 최선의 선택을 할 뿐

오늘의 사소한 날갯짓 # 나비효과

어린 시절 주말마다 아버지와 거실에 앉아 토요명화를 보는 시간이 가장 행복했다. 열 살 무렵부터 영화라면 가리지 않았고, 중학교 시절부터는 일주일에 세 번쯤 혼자 극장에 가서 영화를 보고 올 만큼 빠져 지냈다. 그리고 언제부터였는지 정확히 기억나진 않지만, 영화를 본 뒤 내 생각을 짤막하게나마 끼적이는 습관은 지금까지도 이어지고 있다.

지난 20여 년간 본 수천 편의 영화 중에는 보고 또 봐도 다시 돌려보게 되는 명작들이 몇 편 있는데, 그중 하나가 2004년 개봉

한 애쉬튼 커쳐 주연의 〈나비효과〉이다.

어린 시절 썼던 일기장을 통해 시공간 이동 통로를 발견하게 되는 주인공 에반. 그에게는 미치도록 지워버리고 싶은 기억, 그리고 돌이키고 싶은 과거가 있다.

그는 일기장 속 통로를 통해 과거로 돌아가 자신과 사랑하는 사람들에게 닥친 지독한 불행들을 고쳐나가지만, 하나의 문제가 해결되면 그로 인해 또 다른 충격적인 문제가 불거져 현실은 생각지도 못한 끔찍한 불행 속으로 그를 끌어들인다.

에반처럼 누구나 가끔씩 과거의 어떤 시점으로 다시 돌아가고 싶어질 때가 있다. 그때 내가 그러지 않았다면, 내가 그때 다른 선택을 했더라면 내 인생이 조금은 더 나아졌을까, 하는 후회와 물음.

분명 내가 직접 한 선택들이 모여 현재에 이르렀을 테지만 지금의 내 모습에 백퍼센트 만족하는 사람은 드물다. 그래서 과거로 되돌아가 실수를 바로잡고 더 좋은 현재, 미래를 만드는 상상을 누구나 한번쯤 하지 않을까.

이 영화는 모든 이들이 한 번쯤은 품어봤을 바로 이 생각에 대해 질문한다.

과거를 바꾼다고 정말 현재가 더 좋아질까?

영화는 하나를 얻기 위해선 다른 하나를 포기할 수밖에 없다고 말한다. 또 포기하는 것의 기회비용이 그 반대의 경우보다 더 크다고도 작다고도 장담할 수 없기에 과거로 돌아가 자신의 선택을 바꾼다 해도 결과가 더 나아진다는 보장은 없다는 사실을 일깨운다. 인생사 득과 실은 어디에나, 어떤 선택에도 존재한다는 것이다.

그래서 나는 〈나비효과〉를 볼 때마다 내 선택에 대해 후회하지 말자고 다시금 마음을 다잡곤 한다. 내 선택은 항상 최선이었고, 그렇게 선택한 데에는 다 이유가 있었다.

과거로 돌아가 다른 선택을 한다고 해도 내가 지금 바라는 미래가 기다리고 있으리란 보장이 어디 있겠는가.

그보단 매 순간 최선의 선택을 하기 위해 깨어 있는 편이, 삶에 임하는 자세를 견고하고 바르게 유지하기 위해 노력하는 편이, 지금 상황에서 더 나은 미래를 만들기 위해 뭘 준비해야 할지 생각해보는 편이 더 이득이다.

완벽한 인생은 없다. 못 가진 것을 새삼스레 떠올리며 후회로 삼지 말고, 지금 내가 당연하게 누리고 있는 것들이 사실 얼마나 대단한 것인지, 얼마나 감사한 일인지 떠올려보자.

내 건강한 신체, 땅을 밟고 걷고 뛸 수 있는 단단한 두 다리, 항상 내 편이 되어주고 심적인 안정을 가져다주는 가족들, 어려서부터 나와 함께 경험하고 성장해온 친구들….

삶은 결핍과 만족의 오묘한 조화 속에 있다. 이 둘은 항상 붙어 다녀서 결핍이 있어야 만족도 있다. 그렇다고 무조건 현재에 만족하라는 말은 아니다. 지금 이 순간에 충실하기만 하면 다가올 미래는 내게 최선의 결과를 보여줄 거라는 의미다.

나는 두 번째 법인사업으로 전 재산에 가까운 9천 만 원을 잃었었다. 가끔 그런 생각을 한다.

'2017년 2월로 돌아가서 법인사업자를 내지 말고 그냥 잘되던 영어 스터디 사업을 계속했다면 어땠을까. 그랬다면 어쩌면 지금쯤 내 통장에 5억 원이 넘는 돈이 들어 있을지도 모르는데, 젠장.'

하지만 그때의 선택과 실패 덕분에 나는 더 큰 일을 도모할 수 있는 안목을 갖게 되었고, 앞으로 무슨 일을 하든 더 좋은 결과를 낼 수 있으리란 확신도 얻지 않았나. 그 일을 그만둠으로써 세계여행을 하며 문화 콘텐츠를 제작하게 되었고 그로 인한 수많은 경험들은 내 인생 그 무엇과도 바꿀 수 없는 소중한 자산이 되지 않았나.

모든 건 당시의 내가 한 최선의 선택이었다.

"하루하루를 소중하게, 의미 있게 살아가자.(To make each day count.)"

영화 〈타이타닉〉에서 디카프리오가 연기한 잭 도슨이 한 말이다. 과거에 내가 했던 행동들이 현재를 만들었다면, 마찬가지로 현재의 내 사소한 날갯짓이 미래를 어떻게 바꿀지 모를 일이다. 그러니 지금 당장은 무의미해 보일지라도 끊임없이 날갯짓을 하고 싶다.

실패가 치명적인 결과가 아니듯이 성공도 결코 끝이 아니다. - 코너 맥그리거

Success is never final just like failure is never fatal.

UFC 파이터 코너 맥그리거가 인터뷰에서 했던 말이다. 코너 맥그리거는 엄청난 돈을 벌고 전 세계적으로 명성을 얻었는데도 항상 "이제 시작이다"라고 말한다.

실패했다고 좌절할 필요도 없고 성공했다고 멈출 것도 없다. 가끔 성공한 사람들이 더 이상 동기부여를 얻지 못하고 허무주의에 빠지는 경우도 봤는데, 성공이 끝이라 생각하지 않고 하고자 하는 일을 정진해나간다면 인생을 더욱 풍요롭게 만들 수 있을 것이다.

그리고 실패.

실패는 무슨 일을 하든 하나의 과정일 뿐이다. 실패하더라도 그것이 나에게 치명적인 상처를 주지 않도록 항상 이 문장을 가슴에 새긴다.

Chapter 3

상처 주셔서 고맙습니다

당신을 흔드는 그 모든 사람 그리고 세상

GO

학교 짱이 나를 괴롭힌다

단 한 번의 용기 # 뜻밖의 나를 발견하다

나를 보고 '어떻게 그렇게 자신감이 넘치느냐, 어떻게 그렇게 긍정적이냐'고 묻는 사람이 많다. 사실 나도 날 때부터 그랬던 건 아니다.

초등학교 2학년 때 은행원이었던 아버지가 서울로 발령이 나면서 우리 가족은 대구에서 분당으로 이사를 했다. 그때만 해도 원체 내성적인 성격에 중도 비만이었고 사투리까지 썼으니 전학 온 첫날부터 아이들이 몰려와서 놀렸다. 사투리가 창피하기도 했고 말을 할 때마다 놀림을 받아서 그랬는지 학교에 있는 동안은 내내 입을 닫고 있었다.

축구를 할 때도 아이들이 시켜서 수비수 역할을 했는데 골을 먹으면 언제나 내가 욕을 먹었다. 한 대씩 툭툭 때리고 가는 애들을 보면서 화난다는 감정도 잊을 정도로 무시당하는 생활이 당연하게 느껴지던 나날이었다. 그러니 나 스스로도 나 자신을 못난 사람, 형편없는 인간이라고 생각했다.

'나는 어떤 것도 잘할 수 없는 놈이고 앞으로도 계속 이렇게 손가락질 받으며 살겠지.'

뭘 하든 자신감이 바닥이었다.

수업 시간에는 선생님이 질문이라도 할까 봐 노심초사했고 출석을 부를 때마저 가슴이 콩닥콩닥 떨렸다. 다시 대구로 돌아가고 싶은 마음도 들었다. 예전 동네 친구들과 함께 학교 다니면서 보내던 일상이 그리웠다.

몇몇 남자아이들은 여자아이들 앞에서 나를 웃음거리로 만들면서 분위기를 살렸고 요즘 소위 말하는 '빵셔틀'도 많이 했다. 당시 TV에서 개그맨들이 한 사람을 놀리면서 시청자를 웃기는 코너가 있었는데 몇몇 아이들이 그걸 따라 했고, 그 피해자는 항상 나였다. 기분이 나빴지만 더 놀림받을까 두려워 아무렇지도 않은 척하곤 했다.

어린 나이였지만 속은 새까맣게 타들어가고 있었다.

6학년이 되었을 때가 절정이었다. 하필이면 학교에서 싸움을 가장 잘한다는 '짱'과 같은 반이 되어버린 것이다. 그 친구는 중학교 3학년이라고 해도 믿을 정도로 키와 덩치가 컸고 다혈질인 탓에 아이들을 무자비하게 때리곤 했었다.

'하… 1년은 진짜 지옥이겠구나.'

정말 지옥이 시작되었다. 의무처럼 매일 '짤짤이'를 짱에게 바쳐야 했다. 짤짤이는 당시 동전을 말하는 은어였는데 매번 200원에서 500원 정도를 줬던 것 같다. 어린아이들이 무슨 돈이 있었겠냐마는 주머니에 있는 전 재산을 매일 탈탈 털렸던 거다.

그날도 여느 때와 다름없이 청소 시간이 끝나고 집으로 가려는데 짱이 나를 불렀다.

"야, 윤희철. 돈!"

맡긴 돈 찾아가듯 당연하게 요구하는 짱. 늘 당연하게 주던 거였는데 그날은 이상하게 주머니에 있던 500원을 주고 싶지 않았다. 그 돈으로 서점 앞에 있는 오락기에서 '철권' 게임을 하고 싶었다.

"나… 오늘은 돈 없어. 엄마가 안 줬어."

"뒤져서 나오면 액수만큼 맞는다."

심장이 쿵쾅거렸다. 하지만 지금 돈을 내놓기엔 어차피 늦었다.

"아… 진짜 없어. 있을 때마다 매일 줬잖아. 내일 엄마한테 받아서 줄게."

짱이 내 머리를 한 대 치면서 말했다.

"아이씨. 꺼져 그럼."

다행이다. 그의 손아귀에서 벗어났다는 기쁨에 교문을 나서자 나도 모르게 환호성까지 질렀다. 그러곤 곧장 집으로 가는 길에 있는 서점 앞에서 계획대로 '철권' 게임을 했다. 100원, 200원… 동전을 넣으며 한 판 한 판이 너무 즐거웠다. 혼자 즐기는 나만의 시간. 어떤 누구의 괴롭힘도 없고 놀림도 없는 하루 중 가장 행복한 시간.

그때였다. 누군가 내 뒷목을 힘껏 찼고 나는 그대로 게임 화면 속으로 고꾸라졌다. 짱이었다. 돈 없다고 거짓말한 데 대한 응징이었다.

지렁이도 밟으면 꿈틀한다더니, 화가 났다. 화를 표출한 적이 없었으니 어떻게 화를 내는지도 모르던 나였는데, 그날은 미치도록 화가 났다. 5년간 쌓여 있던 분노가 폭발하는 것 같았다.

'용기를 내야 해. 더 이상 이렇게 살고 싶지 않아.'

나는 한 번도 입에 담아본 적 없는, 그 후로도 일절 담아본 적 없는 험한 말을 쏟아냈다. 분명 초등학교 6학년이 할 법한 욕설은 아니었다. 그러고는 눈을 꼭 감은 채 주먹을 내던졌다. 눈을 감았는데도 주먹은 짱의 얼굴에 정확히 꽂혔다. 그다음 순간 내 눈에도 그의 주먹이 날아왔다.

다행히 서점 아저씨가 싸움을 말렸고, 시간 차를 두고 우리 둘을 하나씩 집으로 보냈다. 분을 삭이지 못해서 씩씩거리며 집에 왔는데 정신을 차리고 나니 그제야 다리가 후들거렸다.

'내일 학교에 가면 죽었다….'

무서웠다. 어떤 일이 벌어질지 머릿속에 선명하게 그려졌기 때문에 더더욱 무서웠다.

다음 날, 나는 잠 한숨 못 자고 학교에 갔다. 그런데… 이게 무슨 일인가. 나를 대하는 짱의 태도가 180도 달라진 것이다. 전에는 없었던 나에 대한 존중이 있었다.

명령조 말투가 아닌 권유형이었으며, 무슨 놀이를 하든지 내 의사를 물어봤다. 더 이상 돈을 빼앗지도 않았고 여자아이들 앞에서 나를 놀림거리로 이용하지도 않았다. 아니, 그보다 나를 '꼬붕'이 아닌 친구로 대했고 항상 나와 같이 다니려고 했다.

대체 어찌된 영문일까. 그땐 물어볼 생각도 하지 못했는데 시간이 한참 지난 뒤에야 진실을 알게 되었다. 짱은 나와 싸운 그날 내가 다른 아이들과는 다른 멋진 사람이라는 생각이 들어 친구가 되고 싶었다고 했다.

자신이 다른 친구들을 괴롭히거나 놀리면 전에 내가 그랬듯이 다들 비굴한 웃음을 지어 보이거나 미안하다는 말만 했는데 내가 처음으로 그에게 대항하고 맞섰다는 것이다. 그 친구도 어린 아이였으니, 그런 게 멋있어 보였나 보다.

분명 나는 같은 사람인데, 나를 대하는 친구들의 반응도 완전히 달라졌다. 더 이상 친구들이 놀릴까 봐 걱정하지 않아도 되었고 다른 세계가 펼쳐질 거란 예감이 들었다. 이제 나를 좋아해주는 사람이 있으니 집에서 가족에게 하듯 자신 있게 말하고 행동하자고 결심했다.

그런데 놀라운 건 나도 나 자신을 보는 시선이 달라졌다는 거다. 전에 내가 생각한 나는 내성적이고 재미없는 아이였다. 그런데 이 결심을 한 뒤부터 나는 완전히 달라졌다. 내 얘기를 듣기 위해서 반 친구들은 내 자리로 몰려들기 시작했다.

내가 이렇게 말재주가 있었나? 놀라웠다.

자신감이 없어서 그럴 기회를 갖지 못했을 뿐이지, 또래 아이들이 배꼽 잡고 웃을 만큼 재미있게 내 경험을 말로 풀어내는 능력이 내 안에 숨겨져 있었던 것이다.

그뿐이 아니다. 나는 내가 운동을 못한다고 생각했다. 그래서 항상 힘 센 친구들의 욕받이로 살아갈 줄 알았다. 그런데 생각보다 운동에 재능이 있었고, 운동 시합에서 친구들을 리드할 수 있는 사람이었다. 자신감 하나로 나도 몰랐던 내 재능이 터져 나오기 시작했다. 그러면서 점점 나를 좋아해주고 따르는 친구들도 많아지는 선순환이 일어났다.

서점 앞에서의 싸움, 그 하루의 용기로 모든 게 달라졌다. 아니 그날을 기점으로 내 인생이 바뀌었다고 해도 과언이 아닐 것이다.

중학교에 올라갈 무렵에는 키가 크면서 살도 많이 빠졌다. 축구, 농구, 스타크래프트 게임 등 인기 있는 종목에서 나는 항상 전교에서 가장 잘하기로 손꼽히는 학생이었다. 학급에서 분위기메이커라고 불리었고 좋아하는 이성이 있으면 당당히 고백도 했다.

학교에서 나를 모르는 사람이 없을 정도로 존재감이 커졌고 중학교 2학년 때는 학년 대표를 하면서 전교회장까지 되었다. 초등학교 6학년 1학기 때까지만 해도 절대 상상하지 못했던 내 모습. 천지가 개벽한 것처럼 180도 바뀌어버린 내 인생.

나는 정말 나를 몰랐었다. 지금 이 글을 보는 독자들도 아마 본인에 대해 전부 알고 있지는 못할 것이다. 자신의 새로운 면을 발견할 기회가 없었거나 용기가 없었거나.

지금 혹시 일이 안 풀리는가?

용기를 가지고 반전의 계기를 마련하자.

어릴 때의 기억이지만 난 그때의 순간을 절대 잊지 못한다. 그때 내가 화를 내지 않았다면, 항상 그랬던 것처럼 미안하다고 했었더라면, 그렇게 쭉 스스로 못난 사람이라고 당연하게 생각하며 살고 있지 않을까?

유튜브 같은 건 자신감 있고 당당한 사람들만 하는 거라고 생각하지 않았을까? 사업 같은 건 똑똑하고 진취적인 사람들의 전유물이라 생각하며 시도도 못해보지 않았을까?

우리는 모두 제각각 멋진 사람이다. 그렇게 생각하지 않는다면 아직 발견하지 못했을 뿐이다. 나도 몰랐던 나를 발견하자. 용기를 내서 이끌어내자. 전혀 다른 세상이 우리를 맞이할 것이다.

"너는 안 돼!"라고 말하는 사람을 믿지 마라

아나운서 지망생 # 세상 가장 짜릿한 일

아나운서 학원에 다니던 시절의 일이다. 시작반과 심화반을 모두 등록하니 돈이 많이 깨졌다. 비싼 수업료를 치른 만큼 당시의 나는 꽤나 비장했다. 굳은 마음을 먹고 설렘과 긴장으로 뱃속이 간질간질한 상태로 첫 수업에 들어갔다.

드디어 수업 시작!

선생님은 수강생들에게 먼저 뉴스 한 꼭지를 읽게 했다. 한 명씩 돌아가며 읽는데 내 순서가 왔다. 뉴스를 다 읽고 선생님을 올려다봤더니 그가 이렇게 말하는 거다.

"넌 좋은 아나운서가 될 가능성이 희박해."

내가 경상도 출신이라 말할 때마다 사투리가 묻어나는데 그건 고치기가 힘들 거라는 것. 그게 선생님이 근거로 제시한 '내가 안 되는 이유'였다. 아홉 살 때 경상도에서 분당으로 이사 왔지만 경상도 출신인 부모님이 사투리를 쓰니 나도 사투리 억양이 묻어나오는 게 사실이었다.

그렇다고 선생님이 내 꿈에 사형 선고를 내릴 권리가 있는가. 잠재력을 찾아서 끌어내주기보다는 이미 잘하는 사람을 북돋는 쪽이 편하다고 생각할 수는 있다. 혹은 희망 고문을 하지 않기 위해 냉정하게 말해주는 거라고 항변할지도 모르겠다.

"네가 뭘 한다고? 네가 하는 게 그렇지 뭐! 너는 글렀어."

이런 말을 들어본 적 있는가?

혹은 나를 위하는 척하면서 교묘하게 포기시키는 사람도 있다.

"너를 생각해서 하는 말인데, 다른 일을 찾아보는 게 어떨까? 솔직히 힘들어 보여."

이런 말을 들으면 여러분은 어떻게 반응하는가. 좌절하고 자신을 미워하는가?

포기가 나쁜 건 아니다. 포기하는 데는 어쩌면 더 큰 용기가 필요한지도 모른다. 하지만 포기도 스스로 할 때 가치가 있는 법. 남이 나에게 포기하라 마라 할 자격은 없다. 부모님이나 선생님일지라도.

다른 사람의 말 때문에 포기한다면, 후에 두고두고 그 선택을 떠올리며 후회하게 될지도 모른다. 그러면 내 의지를 꺾은 그를 원망하게 될 수도 있다. 결국 선택은 자신이 한 것인데도 그 사람에게 책임을 돌리며 살아가는 것이다.

'나에 대한 전문가는 오로지 나뿐이다.'

당시에 나는 그렇게 생각했다. 그리고 선생님의 말은 더 이상 신경 쓰지 않기로 했다. 될지 안 될지는 내가 직접해봐야 아는 게 아닌가. 포기를 해도 내가 한다!

그때부터 매일 아침 눈을 뜨자마자 뉴스 읽기를 연습하고, 자기 전까지 그날 배운 걸 연습하고 또 연습했다. 학원 수업과 스터디 외에도 깨어 있는 시간은 모두 연습하는 데 썼다. 그렇게 10개월 동안 머릿속에는 오로지 아나운서가 되는 상상뿐이었고 내가 할 수 있는 최선을 다했다.

뉴스를 매끄럽게 읽기란 쉽지 않았다. 연습생들이 흔히 겪는 문제이기도 한데, 너무 힘이 들어가거나 인공지능처럼 끊어지기 일쑤였다. 모든 문제가 그렇듯 특별한 해결책 같은 건 존재하지 않는다. 그냥 매일 연습하는 거다.

운동하는 사람들이 주로 하는 말이 있다. 그냥 안 돼도 매일 하다 보면 몸이 적응하고 어느새 실력이 느는 거라고. 아나운싱 또한 마찬가지였다. 매일 녹음하고 스터디 그룹 멤버들과 공유하며 피드백 받고 잘못된 점을 고치고….

반복된 연습.

지루하고 느리게만 느껴지는데 사실은 그게 가장 빠른 길이다.

이렇게 지낸 지 1년쯤 지났을 때 학원에서 미니 오디션을 열었다. 이름만 들으면 누구나 알 법한 현직 아나운서가 와서 수강생 한 명 한 명을 평가해주었다.

그는 나를 어떻게 봤을까? 학원 선생님과 똑같이 가망이 없다고 말했을까?

아니다. 남자 아나운서로서 준비가 아주 잘되어 있고, 조금 더 준비하면 공중파 채널을 중심으로 지원해볼 수 있겠다고 말해주었다.

믿어지는가? 1년 만에 평가가 완전히 달라졌다. 내가 뛰어난 재능을 타고나서가 아니다. 그저 포기하지 않았을 뿐이다. 내 잠재력은 내가 가장 잘 알고, 어떻게 될지는 직접 해봐야 알 수 있다.

그 후로도 내가 무슨 일을 하든 '안 된다'고 하는 사람들이 나타났다. 유튜브를 시작할 때도 왜 페이스북을 하지 않고 유튜브를 하냐고, 그게 되겠냐고 했다. 첫 사업을 할 때도 대부분 회의적인 반응을 보였다. 그럴 때마다 내가 믿은 건 훈수 두는 타인이 아니라 나 자신이었다.

남의 말을 다 무시하라는 게 아니다. 진정으로 걱정되어서 하는 말이라면 고맙게 들으면 되고 일리 있는 말이라면 생각해볼 필요도 있다. 그런 사람이라면 내 생각을 말하고 생산적인 대화를 나눠볼 수도 있다. 하지만 별다른 근거도 이유도 없이 안 될 거라고 말하는 사람은 멀리하는 게 낫다.

세상에서 가장 짜릿한 일이 뭔지 아는가.

사람들이 안 된다고 말하는 일을 보란 듯이 해내는 것이다.

얼굴 모르는 사람들이 나를 욕할 때

악플을 대하는 자세 # 중심을 잡아라

인터뷰 콘텐츠를 만들던 초기에 '한국에 사는 흑인들' 인터뷰를 하기 위해 한국 내 흑인들의 페이스북 커뮤니티에 인터뷰이를 모집한다고 글을 올렸다. 흑인에 대한 편견과 한국에서의 삶을 인터뷰해서 영상으로 만들고 싶다고. 그랬더니 많은 흑인이 그 포스팅에 부정적인 댓글을 달았다.

네가 뭔데 우리를 다루냐, 절대 너는 우리를 이해하지 못한다, 건방진 생각하지 말고 하던 공부나 열심히 해라 등등.

그런 소리를 들으니 조금 의기소침해졌지만 왜 그러는지 알기에 고민이 되었다. 내가 그들을 완전히 이해할 수 없다는 건 사실이다. 하지만 그렇다고 해서 소통하려는 시도조차 하지 않는 것이 과연 옳은 일일까? 내가 흥밋거리로 이 일을 하는 게 아니라는 것을 영상으로 증명하면 될 거라고 생각했다.

다행히 5명 정도의 흑인들이 인터뷰를 하겠다고 연락이 왔다. 각자 사는 곳 근처로 카메라와 삼각대를 매고 혼자 찾아가서 인터뷰를 했다. 부정적인 의견들 탓에 더 세심하게 열심히 편집을 하느라 일주일이 걸렸다.

드디어 영상을 올렸다.

부정적이었던 페이스북 흑인 커뮤니티에도 공유가 되었다.

조금 떨리는 마음으로 커뮤니티에 들어가보았는데 이게 웬일? 반응이 180도로 달라져 있었다. '정말 잘 만들어줘서 고맙다, 내가 생각이 짧았었다' 등 오히려 감사함을 표하는 댓글이 대부분이었다. 사실 이 영상을 만들면서 계속 걱정되고 괴로웠는데 지레 겁먹고 포기하지 않길 잘했다는 생각이 들었다.

유튜브 크리에이터는 시청자들과 끊임없이 소통한다. 이것은 양날의 칼과 같아서 엄청난 힘이 되는 반면 두려움이 될 때도 있다. 안 좋은 피드백을 많이 받으면 누구나 주눅이 들게 마련이다. 물론 그중에는 새겨들을 만한 좋은 비판도 있지만 영상을 제대로 보지도 않고 단 것 같은 왜곡된 시선이나 무조건적인 악플도 있다.

특히 나는 개인적인 생각과 관점을 많이 말하다 보니 내 의견에 동의하지 않는 사람들이 악플을 남기기도 한다. 조회 수가 조금만 떨어져도 인터넷상에서 '퇴물'이라는 말을 듣는다. 악플로 인해서 유튜브를 그만두는 크리에이터들도 꽤 많은데, 유튜브를 시작하려고 한다면 이 부분은 꼭 염두에 두어야 할 것이다.

사실 난 악플은 크게 신경 쓰지 않는 편이다. 민감한 주제를 다루는 영상이 꽤 있다 보니 감수해야 하는 부분이기도 하고, 악플러 대부분은 짧은 영상 하나만 보고 나를 욕하기 때문에 가려듣는 내공이 어느 정도 생기기도 했다.

내 채널을 꾸준히 구독하는 시청자들은 나의 부족한 면도 오해 없이 받아들여주고, 필요할 때는 막연한 비난이 아니라 진심의 충고와 조언을 보내준다. 실수를 하더라도 그게 내가 가진 다양한 면 중 하나라는 걸 알아주는 것이다.

사실 악플은 선플에 비하면 5퍼센트도 채 되지 않는다. 아홉 번의 좋은 말을 들어도 한 번의 나쁜 말에 기분이 상하는 게 사람 마음이라지만 그건 너무 비효율적이지 않은가. 게다가 사람들의 의견은 저마다 다른데, 다 수용하려고 하다가는 결국 내 중심을 잃고 혼란에 빠질 수도 있다.

생각해보면 악플은 내가 받는 피드백의 아주 작은 부분에 불과하다. 대신 유튜브를 하지 않았더라면 듣지 못했을 감사한 말을 너무나도 많이 들었다.

"제 롤모델이에요."

"희철 님처럼 자신감 있게 당당하게 살고 싶어요."

"희철 님이 하는 말을 듣고 긍정적으로 변해가요."

"영상들을 보고 저도 제 꿈을 찾았어요."

"우리 아들도 희철 님처럼 컸으면 좋겠어요."

내가 이런 말을 들을 자격이 있나 하는 생각이 들 정도로 나에겐 정말 과분한 칭찬들이다. 세계여행을 할 때 가끔은 힘들기도 하고 한국으로 돌아가고 싶을 만큼 부정적인 생각이 들 때도 있었지만 그럴 때마다 이런 댓글들과 메시지를 보며 더욱 힘을 얻고 열심히 하고자 의욕을 끌어냈다.

대학생 때 영어 스터디 사업을 한 것도 구독자들의 댓글에서 영감을 받아 시작한 것이었고 힘든 세계여행을 긍정적으로 잘 할 수 있었던 것도 모두 이런 힘이 되어준 메시지들 덕분이다.

이렇게 내 인생을 이끌어주는 댓글이 훨씬 더 많은데 작은 악플 정도야 당연한 걸로 생각하는 자세가 필요하다고 생각한다. 없으면 물론 좋겠지만 없을 수가 없는 것이니까.

내가 다양한 면면들을 가진 입체적인 인간이듯 세상도 그렇다. 좋은 점만 취할 순 없으니까 약간의 나쁜 것도 감수하기로 한다.

나 자신에게만큼은 초라해지지 말자

공부의 이유 # 목표는 이루어진다

고등학교 때도 가끔 엄마를 따라 동대문 시장을 오갔는데 그 길에 동국대학교를 지나갔다. 그때마다 엄마와 나는 입버릇처럼 이렇게 말하곤 했다.

"저 대학교 다닐 수 있으면 소원이 없겠다."

나는 고등학교 2학년 때까지 35명 정원 중 반에서 28~30등을 할 정도로 성적이 좋지 못했다. 2학년이 끝나갈 무렵 담임선생님과 진학 상담을 하게 되었는데, 그때 선생님이 내가 입학할 수 있는 학교라고 짚어주신 곳들은 모두 지방에 있는, 처음 이름을 들어본 학교들뿐이었다.

이런 상황을 엄마도 잘 알고 있었기 때문에, 내가 서울에 있는 4년제 대학에 들어가기 힘들다는 사실을 어느 정도 받아들이고 계셨을 거다. 내 성적으로는 감히 넘볼 수조차 없는 학교라는 걸 알면서도 매주 그 옆을 지나가니 마음속에 열망 같은 것이 생겨나기 시작했다.

그 덕분에 3학년에 올라갈 무렵부터 나는 공부를 하기 시작했다. 정말로 엄마와 함께 염원한 그 학교에 들어가겠다거나 하는 구체적인 목표가 있어서 그런 건 아니다.

중학생 때까지는 누가 더 잘 싸우는지, 누가 더 컴퓨터 게임이나 축구 실력이 뛰어난지 같은 걸로 남자 친구들 사이에서 우열을 가렸지만, 대입을 목전에 둔 고3에게는 공부 실력이 전부이지 않은가. 그 전에는 느끼지 못했는데 점점 나 자신이 초라하게만 느껴졌다.

'초라한 채로 스무 살이 되고 싶진 않다.'

어찌 보면 너무나 단순한 이유로 공부를 해야겠다고 마음먹었다.

고3 직전 겨울방학 때 나는 자진해서 기숙사 학원에 들어갔다. 그리고 밥 먹는 시간 외에는 하루 종일 공부만 했다. 학기가 시작된 후에는 부모님께 부탁해 영어와 수학 과목만 일대일 과외를 받기로 했다. 아직 집안 형편이 그리 넉넉하진 않았지만 엄마가 운영하던 옷가게가 어느 정도 자리를 잡아서 다행히 과외를 받을 수 있었던 것에 지금도 참 감사하다는 생각이 든다.

그 무렵에는 하루 종일 대학 생각만 했다. 중학생 때부터 혼자 영화관에 다닐 정도로 영화를 좋아했지만 이때부터는 그렇게 사랑하던 영화 보기도 그만두고 집 앞 탄천에서 주말이면 으레 하던 농구도 완전히 끊었다. 엄마는 공부도 체력이 받쳐줘야 한다며 농구는 운동 삼아 계속 하라고 권하셨지만 서울에 있는 대학에 가려면 성적을 끌어올릴 시간이 턱없이 부족해 보였다.

그때의 나처럼 불안한 사람이 있다면 상상의 힘을 빌리라고 권하고 싶다. 힘들 때마다, 앞이 보이지 않을 때마다, 그래도 앞으로 나아가게끔 해주는 원동력은 바로 상상이다. 상상은 돈이 들지 않는다. 자투리 시간을 활용해서 틈틈이 상상하는 거다.

원하는 대학에 입학해서 매일 아침 충무로행 버스를 타는 상상, 마음 맞는 친구들과 교내를 거니는 상상, 누구보다 기뻐할 부모님의 모습, 그리고 결국 목표를 이뤄내고야 만 나 스스로를 자랑스러워하는 상상….

그런 상상을 하면 지루하고 힘든 시간도 충분히 견딜 만했다.

이미 목표가 이루어졌다고 상상하니 공부도 더 신나게 잘되는 것 같았다. 내 모든 신경은 엄마와 차 안에서 바라보던 그 대학교에 맞춰져 있었다.

1년이라는 시간밖에 없었지만 기본부터 다시 했다. 공부에 대해서는 전혀 아는 바가 없었으니 과외 선생님이 하라는 대로만 했다. 영어는 6개월간 단어만 외웠고 수학은 고등학교 1학년 것부터 다시 시작했다.

더 이상 불안해하지 않았다. 원하는 학교에 입학할 거라는 믿음에는 조금의 의심도 없었다.

상상은 곧 현실로 다가왔다. 성적이 놀랍도록 쭉쭉 올랐다. 고2 때만 해도 언어영역, 수학영역, 외국어영역 등급이 각각 7, 6, 7이었는데, 고3 여름쯤 되자 4, 3, 3 등급까지 올랐다. 성적이 올라가자 공부에 더 재미가 붙고 의지도 더욱 불타올랐다.

그해 수능에서 나는 결국 3, 2, 2 등급이라는 놀라운 결과를 얻어냈다. 선생님들과 부모님 모두 나를 굉장히 자랑스러워했지만 정작 나는 아쉬움이 좀 남았다. 짧은 기간에 성적이 크게 오른 걸 생각하니 수능을 다시 보면 지금보다 훨씬 좋은 점수를 받을 수 있겠다는 자신감이 생겼다. 그런 아쉬움을 안고 지금 성적에 맞춰 적당한 대학에 들어간다면 두고두고 후회될 것 같았다.

나는 재수를 선택했고 스스로 결정한 길이었던 만큼 밤 11시 취침, 아침 6시 기상을 꼬박꼬박 지키면서 정말 열심히 공부했다. 보통 재수하는 동안 부모님과 갈등이 커진다고 들었는데, 난 좋은 결과를 확신하고 있어서인지 별다른 문제없이 평화롭게 재수 공부를 해나갔다.

1년 뒤 나는 결국 2, 1, 1 등급을 받고 동국대학교 경영학과에 우선 선발로 합격할 수 있었다. 사실 사회탐구 영역을 제외하면 더 좋은 대학에 도전해볼 만한 성적이어서 그대로 입학하기 아쉬운 마음이 들기도 했다.

하지만 그렇게 열망하고 상상해왔던, 차 안에서 엄마와 바라보기만 하던 시절엔 불가능할 것으로만 보였던 일이 현실이 된 게 아닌가.

"생각이 현실이 된다. 삶이란 마음에서 일어나는 생각들이 외부로 드러난 것이다."

친구의 권유로 읽은《시크릿》이라는 책에서 본 구절이다.

처음엔 이 말을 믿기 어려웠지만 꾸준히 상상하고 머릿속으로 그리던 모습들이 눈앞에 실제로 나타나는 걸 직접 확인한 후로는 지금까지 내 인생의 지침으로 삼고 있다.

나에 대한 사랑이 삶을 풍족하게 만든다

나를 사랑하는 법 # 강력한 삶의 무기

나에게 상처를 준 사람도 있었지만 그래도 내 주변엔 좋은 사람이 더 많았다. 가족, 친구, 선생님 등 나를 가까이에서 지켜봐준 사람들은 항상 나의 부족한 점보다 좋은 점을 더 많이 알아봐주었다.

이렇게 나조차 믿지 못하는 나 자신을 믿어주고 지지해주는 사람들 덕분에 없던 자존감도 최대한 끌어올릴 수 있었다.

중학교 시절 난 한 반 정원 30명 중에서 거의 꼴찌 그룹에 속했지만 엄마에게 혼난 기억이 없다. 엄마는 나를 야단치는 대신 이런 말들로 언제나 용기를 북돋아주셨다.

"넌 대신 축구를 잘하잖아. 공부까지 잘하면 반칙이지."

"공부 정도는 좀 못해도 넌 멋진 사람이야."

군 입대 후 자대 배치를 받기 전에는 이런 일도 있었다. 의무경찰에 지원해서 합격한 덕분에 훈련소를 거쳐 경찰학교에 갔는데, 사격 훈련에서 총 50명 중 48등을 기록해 낙제생이 된 것이다. 낙제생은 보충 훈련을 해야 해서 당시 사귀던 여자 친구에게 당일 저녁에 전화를 하지 못했다. 다음 날에야 나는 여자 친구에게 전날 전화하지 못한 이유를 설명해주었다.

그랬더니 그녀가 이렇게 말하는 거다.

"그랬어? 그래도 뒤에 2명이나 있네! 잘했어! 넌 그거 말고 다 잘하잖아!"

그녀의 따뜻한 말 한마디 덕분에 조금 우울했던 마음을 훌훌 털어버릴 수 있었다.

주위를 둘러보면 나에게 항상 부정적인 말을 하는 사람이 있는 반면, 긍정적인 말로 나를 더 좋은 방향으로 나아가게 하는 사람도 있다. 그 덕분에 내 단점보다는 장점에 더 집중하게 되었던 것 같다. 지금 내가 가진 강력한 삶의 무기인 긍정성이 뿌리내릴 수 있었던 것도 그 덕분이다. 그리고 나도 주변 사람들에게 그런 사람이 되자고 다짐한다.

내 안에서, 그리고 밖에서 내가 늘 좋은 방향을 향해 걸어가도록 이끌어주는 존재들과 함께하자. 나의 단점만을 지적하고, 나를 주눅 들게 만들고, 믿어주지 않는 사람을 굳이 가까이할 필요는 없다.

아무도 그런 말을 해주지 않을 땐 어떡하냐고?

그럴 땐 스스로 나의 좋은 점을 떠올리고, 내가 나를 위로해주면 된다. 누구에게도 위로받지 못한 채 과거의 못난 내 모습, 후회스러운 일들이 자꾸 떠올라 발목을 잡히고 있다면, 용기를 내 아픈 과거와, 저 깊숙이 숨어 있는 미약한 나와 마주해보자.

인정받고 싶은 나, 사랑받고 싶은 나를 알아봐주고, 정말 고생 많았다고, 힘들었지만 많은 걸 배웠다고, 누구나 잘못된 선택을 할 수 있는 거라고 말해주는 거다.

그리고 나의 장점이 뭐였는지 스스로 떠올려보는 거다. 내가 지금껏 잘해낸 일을 더 크게 부각해보는 거다. 온갖 난관에도 불구하고 계속해서 나아가고 있는 나를 따뜻하게 안아주는 거다.

"난 충분히 괜찮은 사람이다. 나는 사랑받아 마땅하다."

"잘못된 선택 덕분에 나의 새로운 모습을 발견하게 되었고, 그런 경험들이 쌓여 더 나은 내가 될 것임을 나는 안다."

스스로에게 이렇게 말해주고 툭툭 털고 다시 일어나 가던 길을 가면 된다.

건강한 자존감을 가진 사람들은 남에게 인정받기 위해 쓸데없이 시간을 허비하지 않는 것 같다. 무엇보다 자신의 장점과 좋아하는 일에 집중하는 만큼 삶에 대한 만족도도 높을 것이다.

이런 게 바로 행복한 삶이 아닐까. 나에 대한 사랑만큼 삶을 풍족하게 만드는 건 없으니까. 어쩌면 행복을 찾는 과정은 나 자신을 사랑하는 법을 찾는 과정일지도 모른다.

불운의 포장지를 까보니 사실은 축복이더라

섣부른 절망은 NO # 인생의 묘미

인생은 정말 긴 여정이다. 많은 사람이 인생을 마라톤에 비유하곤 한다. 처음에 1등으로 치고 나가던 사람이 넘어져서 꼴찌로 결승점을 통과하기도 하고 저 멀리 꼴찌 그룹에 있던 사람이 어느새 선두로 치고 나가 결국 우승을 하기도 한다.

사실 인생이 아주 길다는 것만 마음에 지니고 있다면, 내 마음을 힘들게 하는 대부분의 일에서 꽤나 자유로워진다. 우리는 눈앞에 닥친 일에 때로 지나치게 낙담하고 절망하곤 하니까.

수년간 준비한 수능 시험을 망쳐 내 인생마저 망가져버린 기분, 졸업 전부터 뛰어든 행정고시, 사법고시, 공무원 시험 등 굵직한 시험에서 번번이 낙방해 내 청춘을 책상 앞에서 다 보내버렸다는 좌절감, 내 인생은 도저히 답이 없고 회복 불가능할 것 같다는 절망감….

누구나 한 번은 느꼈을 그런 감정을 나도 느낀 적이 있다.

그토록 열망하던 대학에 결국 들어갔지만 사실 그때는 마음이 조금 힘들기도 했다. 수능 성적으로만 보면 그보다 높은 대학에 들어갈 수 있었기 때문이다. 재수를 거쳐 높은 수능 점수를 받으니 욕심이 났다. 그래서 가군과 다군은 적정/상향 학교를 지원했고, 나군은 혹시 모를 상황을 대비해 하향 지원을 했다. 그런데 나군에만 우선 선발로 합격을 한 거다.

그때 실망감을 감추지 못하던 내게 엄마는 이렇게 말해줬다.

"실망하지 말자. 이 일이 너를 어떤 좋은 길로 인도할지 모르잖니. 다른 학교들보다 더 좋은 기회를 가질 수 있을 거야. 인생을 조금 길게 보자. 넌 이제 겨우 성인이 됐어, 아들."

인생을 한 권의 두꺼운 책에 비유한다면 내게 닥친 대학 입시라는 이슈는 고작 한 페이지에 불과한 일이었다. 내 인생의 다음 챕터에서 그로 인해 어떤 좋은 일이 펼쳐질지 모르는 상황에서 벌써 슬퍼하는 건 여러모로 내 인생에 아무런 도움이 되지 않을 터였다.

돌아보면 그 학교에 들어간 덕분에 돈 한 푼 들이지 않고 동아리에서 영어를 배울 수 있었고, 그로 인해 세계여행을 하며 다양한 영상을 만들 수 있었다.

2013년 당시 외국인들에게 한국어를 가르쳐주는 봉사동아리가 있는 대학은 숙명여대와 동국대뿐이었다. 다른 학교를 갔더라면 또 다른 기회가 있었을 테지만 어쨌든 지금 내가 감사하고 만족스러워 하는 이 순간과는 먼 곳에 있을 게 분명하다.

이렇게 불운처럼 보이는 포장지를 까보니 사실은 축복인 경우가 종종 있다. 나뿐만 아니라 많은 사람들의 인생사에서 이런 일을 발견하곤 한다.

고등학교 3학년 때 인터넷 강의로 사회탐구영역을 공부했었는데, 그때 본 강의가 M사의 이용재 선생님 거였다. 시간 가는 줄 모를 만큼 재밌는 강의였고, 덕분에 공부도 잘됐던 기억이 난다. 그 선생님은 수억 원대 연봉을 받는 인터넷 최고 스타 강사로 탄탄대로 인생을 걸었을 거라고 생각했는데, 알고 보니 사법고시에 12년 동안 낙방한 사람이었다.

12년이라니?!

고작 1년 공부한 시험에서 만족스럽지 못한 결과를 얻었다고 나는 그렇게 절망했는데, 가장 건강하고 활기찼을 20대를 몽땅 바친 사법고시에 번번이 낙방했을 때 그의 심정이 어땠을까?

하지만 그토록 긴 수험생활 끝에 시작한 강의로 그는 전국구 스타 강사가 되었다. 강사 시절 초기에 "스타 강사가 되고 싶다"던 그의 말은 어느덧 현실이 되었고, 지금은 자신이 하고 싶은 일을 하면서 돈을 벌고 명예까지 누리고 있다.

그는 사법시험에 합격해 변호사가 된 친구들이 현실적인 어려움을 토로할 때면 강사로 성공한 자기 삶에 만족하게 된다고 말했다.

오히려 사법고시 낙방이 더 좋은 인생을 가져다준 것이다.

삶은 길고 우리는 인생의 다음 챕터를 알 수 없다.

사랑하는 사람과의 이별로 세상이 다 끝난 것처럼 힘들었지만 나중에 결국 더 좋은 사람을 만나게 되고, 그토록 가고 싶던 회사 대신 마지못해 입사한 회사에서 생각지도 못한 커리어를 쌓고 평생을 함께하는 좋은 인연들을 얻기도 한다.

신의 계획을 인간이 전부 다 이해할 수는 없다.

지금 일어나는 일은 신이 나에게 더 좋은 것을 가져다주기 위해 벌인 일일 뿐이다. 내가 경험한 모든 일, 지나간 모든 순간들이 쌓여 나를 더 나은 내일로 데려다줄 것이다.

그러니 조금 힘든 상황에 처해 있더라도 인생을 길게 바라보면서 긍정적인 생각으로 눈앞의 난관을 지나가자.

호랑이는 배가 고파도 풀을 뜯지 않는다. – 타밀족 속담

A tiger will not eat grass, no matter how hungry it is.

이 문장에 관해선 사람마다 해석의 여지가 다를 것 같은데, 나는 이 문장을 살아가는 데 있어서 품격을 유지하라는 말로 해석한다.

일이 지금 당장 풀리지 않는다고 정직하지 못한 거짓된 방식으로 이익을 추구해선 안 된다. 호랑이가 호랑이로서의 품격을 지키듯 사람도 사람으로서의 품격을 지켜야 한다.

'하락세는 잠시고 상승세는 길다'는 좋은 주식의 기본 조건처럼 나 스스로가 우량주임을 믿고 잠깐의 하락세에 초조해하며 내 품격을 손상시키는 비도덕적인 짓은 하지 말아야 한다.

좋은 날은 반드시 온다.
그 과정을 어떻게 보내느냐에 따라 내 미래는 달라진다.

Chapter 4

생각이 바뀌었습니다

나를 가두는 고정관념과 편견에서 벗어나기

GO

가난해도 행복하다는 거짓말

인도인의 세계관 # 행복의 필요조건

내가 인터넷에서 본 세계 각국의 안 좋은 뉴스 대부분은 중국 아니면 인도에서 일어난 일들이었다. 특히 인도는 강간, 강도, 행방불명 등 무시무시한 범죄들이 자주 일어나는 곳이라는 이미지가 있어서 인도 북동부 도시 콜카타에 도착했을 때 나는 바짝 긴장해 있었다.

인도에서도 가난한 도시로 손꼽히는 콜카타답게 길거리에는 릭샤뿐만 아니라 생존형 인력거들이 굉장히 많았다. 일본 도쿄 아사쿠사에서 이벤트성으로 운영하는 인력거는 본 적이 있어도

60~70대 할아버지들이 생존을 위해 운행하는 인력거는 처음이었다.

일각에서는 이런 인력거를 노동력 착취라는 이유로 반대하는 운동을 벌이기도 한다고 들었는데, 오히려 그런 운동이야말로 직업에 귀천을 나누는 일이 아닐까. 물론 선의의 운동이지만 한 가정의 가장일지도 모르는 누군가의 밥벌이 수단을 없애버리는 일이 될 수도 있다.

콜카타에 도착한 둘째 날, 새벽부터 여기저기에서 울리는 경적소리에 잠을 설치다 근처 관광 명소인 인디언뮤지엄에 가기 위해 숙소를 나섰다. 숙소 맞은편으로 인력거에 앉아 손님을 기다리는 할아버지가 보였다. 나는 그에게 다가가 목적지를 말한 뒤 가격을 정하고 인력거에 올라탔다.

콜카타에는 델리, 바라나시 등 인도의 다른 도시들과 달리 배낭 여행객들이 거의 없었다. 그래서인지 많은 인도인들이 외국인인 나를 뚫어지게 쳐다보기도 하고 가끔 손도 흔들어주었다.

그런데 길거리에 앉아 구걸하고 있던 여인과 그녀의 아들로 보이는 어린아이가 나를 보고는 벌떡 일어서더니 전속력으로 인력거를 쫓아왔다.

돈을 달라며 나를 향해 손을 뻗는 아이에게 나는 콜카타 시내 식당에서 밥 한 끼 사 먹을 수 있는 정도의 금액을 건넸다. 두 사람이 고맙다는 듯 내게 손을 흔들기에 나도 그들을 향해 손을 흔들어줬다.

그런데 30초쯤 지났을까? 돌아보니 그들이 여전히 내 인력거를 향해 달려오고 있었다. 내가 목적지에 도착해서 인력거를 내리기까지 1분 정도 되는 거리를 헉헉거리며 달려와서는 엄마로 보이는 여인이 내게 말했다.

"돈이 너무 적어요. 우윳값도 안 될 것 같은데 좀 더 주세요."

나는 안 된다고 정중히 거절했다.

하지만 이번엔 그들과 친분이 있어 보이는 다른 여인까지 합세해서 돈을 더 내놓으라며 나를 몰아세웠다. 실랑이가 계속되면서 서로 짜증 섞인 표정과 말투가 될 수밖에 없었다.

불편한 대화를 이어가던 중 뭔가 쎄한 기분이 들어 뒤를 돌아보니 아이 엄마가 내 백팩의 앞주머니를 열고 있는 게 아닌가.

"저기요! 뭐하시는 거예요! 왜 나쁜 사람이 되려고 하세요?"

"네가 애초에 충분한 돈을 줬으면 이런 일이 일어나지 않았을 거야. 네 잘못이지."

처음엔 어이가 없고 화가 났지만, 그들에게 등을 돌리고 걸어가며 생각해보니 이해되는 지점도 있었다. 행색으로 보아 그들은 오랫동안 노숙 생활을 한 것이 분명했고 배불리 먹지도 못했을 것이다. 그 엄마는 자신의 안위보다는 아들을 배불리 먹이고 싶은 마음이 크지 않았을까.

나중에 안 사실이지만 이런 식의 '구걸 행위'는 인도인들만의 독특한 세계관에 기반 한 아주 '당당한 요구'라고 한다. 물질적으로 풍족한 자들이 가난한 자들과 나누는 문화가 전통적으로 이어져 내려오면서 구걸 행위가 그리 부끄럽지 않은 것으로 자리잡은 것이다.

구걸하는 사람은 '내가 너에게 베풀 수 있는 기회를 주는 것'이라고 생각하고, 베푸는 사람은 이런 적선을 통해 현세든 내세든 그에 상응하는 보답을 반드시 받는다고 믿는단다.

어찌되었건 자본주의 사회에서 성장해온 내게는 이런 상황이 불편하기만 했고, 가난하면 절대 행복할 수 없겠다는 생각만 깊어질 뿐이었다.

배가 고픈 것만이 힘든 게 아니다. 돈이 없으니까 오히려 돈에 더 집착한다. 하루 종일 돈 줄 사람을 찾는 것에만 혈안이 되어 있다. 그들의 하루하루는 돈을 얻지 못하면 아무 의미가 없다.

"가난해도 행복해요."

난 이 말을 좋아하지 않는다. 좋아하지 않을 뿐 아니라 이런 말을 하는 사람을 위선자라고까지 생각했다. 산속에 들어가서 혼자 살지 않는 이상 가난하면서 행복하기가 쉽지 않다.

부모가 되면 무릇 자식에게 무언가를 해주는 데서 행복을 느끼게 된다고 한다. 그런데 우리는 단지 마음만으로는 해줄 수 있는 게 거의 없는 시대를 살고 있지 않은가.

돈이 없으면 자식에게 좋은 교육의 기회를 제공해줄 수도 없고, 아플 때 치료를 받을 수도 없다.

물론 가난해도 마음의 평화를 유지하는 무소유의 행복을 누리는 사람도 간혹 있다. 하지만 욕망을 가지고 살아가는 평범한 사람이라면 결코 가난해도 행복하다고 말하기 어려울 것이다.

모든 걸 돈으로 평가할 순 없지만, 돈이 없으면 삶이 팍팍해질 수밖에 없는 사회를 우리는 살아가고 있다. 나 자신을 지키고, 나에게 소중한 것들을 지키기 위해서 돈은 반드시 필요하다.

돈이란 아주 좋은 것이고 정직한 것이라고 생각한다. 그래서 나는 돈을 정직하게 많이 벌고 싶다. 도움을 구하기보다는 베푸는 사람이 되었을 때 나는 더 행복하다. 그러니 '당신은 그 자체로 아름다운 존재'라는 식의 위로 말에 기대어 그 자리에 머물러선 안 된다.

미국의 노숙자가 원하는 세 가지

LA 슬럼가 스키드로 # 현실이 전부는 아냐

학창 시절, 영화가 너무 좋아서 그와 관련된 일을 하고 싶었던 나는 미국이라는 나라를 무작정 동경했다. 세계 영화의 중심지가 미국의 할리우드이고 나는 그 할리우드 영화들을 보고 자랐으니까.

'언젠가는 꼭 미국에 가볼 거야. 아시아를 벗어난 나의 첫 여행지는 미국이 될 거야.'

그렇게 벼르고 별러 제대 직후 아르바이트로 경비를 모아 마침내 미국 동부로 4주간 여행을 떠났었다. 비행기 표를 제외하고 수중엔 165만 원이 전부였다. 난생 처음 밟아본 미국 샌프란시스코. 공항을 출발해 물어물어 찾아간 파월(Powell) 역에 내려 처음 미국 햇살을 본 그때가 지금도 생생히 기억난다.

"내가 미국에 오다니! 꿈에서도 이렇게 행복한 적이 없었어!!!"

가슴 터질 듯한 순간, 나는 20킬로그램에 달하는 큰 배낭을 메고 소리를 지르며 방방 뛰었다. 그렇게 하지 않고서는 감정을 주체할 수가 없었다.

"우와와와와 어어어어!! 어쩌지 어쩌지!!! 정말 좋아!!! 미칠 것 같아!!!"

나의 격한 반응에 역 근처 노점상 상인들도 모두 환호성을 지르며 박수를 쳐줬다. 전혀 부끄럽지 않았다. 나는 "땡큐! 땡큐!"를 연발하며 당당히 그 순간을 즐겼다.

그때는 영어를 전혀 못하기도 했고 경비도 턱없이 부족해서 매일 1달러짜리 피자로 허기를 달래며 여행했지만, 그토록 고대하던 첫 해외여행이어서 힘든 줄 모르고 4주를 채웠던 것 같다. 그래선지 지금도 그때를 떠올리면 스물다섯 살의 행복했던 장면으로 남아 있다.

5년이 지난 후 세계여행을 계획하면서 미국을 빼놓을 수 없었다. 피날레를 장식하는 마지막 여정으로 지도에 미국을 표시해뒀다. 5년 전과는 달리 직항을 타고 10시간 만에 로스앤젤레스에 도착하니 피곤함 따위는 전혀 느껴지지 않을 만큼 기분이 좋았다. 다시 미국이다! 미국!

미국으로 출발하기 전 여행 소식을 인스타그램에 올렸더니 LA에 거주하는 구독자 알렉스 씨가 도움이 필요하다면 돕고 싶다고 선뜻 연락해주었다.

사실 이번 여행에선 너무 위험해서 자동차로만 이동할 수 있다는 스키드로 지역을 둘러볼 계획이었는데, 현지인의 도움 없인 불가능한 일이었다.

인터넷에서 미리 찾아보니 스키드로는 마약에 취한 노숙자들이 길거리에 텐트를 치고 생활하며, 상점 하나 찾아보기 어렵고, 강간 사건마저 자주 일어나는 아주 위험한 지역으로 알려져 있었다.

게다가 자동차를 타고 지나가는데도 위압감이 엄청났고, 버스를 잘못 내려 이 지역을 걸어서 지날 때 노숙자들의 위협적인 눈초리에 두려움에 떨었다는 여행자들의 경험담도 심심찮게 발견할 수 있었다.

'정말일까? 정말 그렇게 위험할까? 그래도 사람 사는 곳인데… 그리고 여긴 LA잖아!?'

나뿐만 아니라 대부분의 사람들은 캘리포니아 주, 그리고 LA라고 하면 화려하고 세련된 도시, 탄탄한 경제력, 아름다운 자연이 어우러진 최고의 휴양지를 떠올릴 것이다. 수많은 할리우드 스타들이 살고 있고 한국의 유명 연예인들이 즐겨 찾아서 우리에게도 익숙한 도시이기 때문이다.

실제로 캘리포니아는 미국 내 50개 주 중 가장 많은 인구와 생산력을 자랑하는 부유한 주이고 여기에 속한 LA는 미국 3대 대도시로 꼽힌다. 이런 도시에서 그렇게 위험한 일들이 공공연하게 발생한다고? 눈으로 확인하지 않곤 믿을 수 없었다.

화려하게만 보이는 도시의 전혀 알려지지 않은 모습은 어떤 걸까? 나는 언론에서도 잘 다루지 않고 인터넷에서도 애써 찾지 않으면 알 수 없는 LA의 어두운 모습을 직접 영상에 담아서 사람들과 공유하고 싶었다. 다른 곳에서 쉽게 찾아볼 수 있는 콘텐츠를 만드는 건 재미도 없을뿐더러 내게는 그리 큰 의미로 다가오지 않았기 때문이다.

나는 알렉스 씨에게 혹시 스키드로 지역을 자동차로 함께 돌아봐줄 수 있냐고 물었고, 알렉스 씨는 자동차 안에만 있으면 괜찮다며 기꺼이 돕겠다고 나서주었다.

약속한 당일, 알렉스 씨의 자동차를 타고 스키드로 구역으로 함께 출발했다. 아름답기로 유명한 LA답게 도시와 자연의 조합이 정말 환상적이었다.

영화에서나 보던 장면들 속에 내가 들어와 있다는 생각에 취해 있는데, 코너를 꺾어 들어가니 텐트가 끝없이 줄지어 있는 믿을 수 없는 광경이 펼쳐졌다. 화려한 도시의 처참한 이면, 스키드로에 들어선 것이었다.

나는 노숙자들의 모습을 좀 더 면밀히 살펴보고 싶어서 알렉스 씨에게 조금만 더 천천히 운전해달라고 부탁했다. 그들은 하나같이 힘이 없어 보였고 절망스러운 얼굴이었다. 약에 취해서 몸을 잘 가누지 못 하거나 쓰러져 있는 사람, 괴성을 지르며 괴로워하는 사람들로 아수라장이었다.

경악스러웠다. 인터넷 검색을 통해 미리 알고는 있었지만 이토록 다른 세상이 나타날 줄이야. 충격을 받은 내 모습에 알렉스 씨는 내려서 저분들을 인터뷰해보지 않겠느냐고 내게 물었다.

"만약 저분들이 돌발 행동이라도 하면요? 미국은 총기 소지도 가능하고 위험하지 않을까요?"

나는 수천 개의 텐트들이 주는 음산한 기운에 압도되어 조금이라도 위험한 행동은 지양하고 싶었다.

"괜찮을 거예요. 지금은 대낮이고 사방이 오픈된 곳은 상대적으로 안전합니다. 그런 곳에 잠시 내려서 말을 걸어보죠."

우리는 사거리 골목 가장자리에 차를 대고 텐트 앞에서 빵을 먹고 있던 흑인 노숙자에게 말을 걸었다. 예상대로 노숙자의 반응은 차가웠고 나는 무서워서 차로 돌아가고 싶었다. 하지만 알렉스 씨가 설득해서 겨우 인터뷰를 할 수 있었다.

"음, 우선 인터뷰에 응해주셔서 감사합니다. 여기 스키드로에 사는 건 어떤가요?"

"정말 힘들고 고달프지만 뭐 어쩌겠어. 순응하고 살아야지. 나도 모르겠어. 순식간에 내 인생에 이런 상황이 닥쳤고 난 받아들여야만 했어."

"힘드시겠네요."

"그래도 괜찮아. 여전히 살아 있음에 감사해."

여전히 살아 있음에 감사한다니!?

얘기를 더 들어보고 싶었다. 이토록 고통스러워 보이는 상황에서도 감사한 부분을 찾고 긍정적으로 받아들이는 모습에 그를 향한 경계심이 조금 누그러들었다.

"어떻게 하다가 여기까지 오게 됐나요? LA에서 가장 위험하다고 들었어요."

"처음에는 직업도 있었고 돈도 벌었지. 하지만 마약에 손을 댔고 30년 동안 끊어내질 못했어. 그게 날 여기에 있게 만든 거야. 엉망진창인 여길 벗어나고 싶지만 돈이 없어. 괴롭지만 여전히 나는 살아 있고 그래서 내가 할 수 있는 모든 걸 다 해볼 생각이야."

여전히 살아 있음에 감사하고 더 좋은 상황을 위해 노력하겠다는 다짐. 그의 모든 말에서 아직 희망의 끈을 놓지 않았다는 게 여실히 느껴졌다.

"지금 가장 원하는 세 가지를 말해줄 수 있을까요?"

막상 질문해놓고 보니 너무 진부하다는 생각이 들었다. 노숙자에게 필요한 건 뻔하지 않은가. 첫째도 돈, 둘째도 돈, 셋째도 돈! 돈이 있어야 음식도 사 먹고 따뜻한 집도 구할 수 있을 테니.

하지만 이들의 답은 좀 달랐다.

"가장 먼저 가족을 되찾고 싶어. 그리고 주거할 집이 있었으면 좋겠어. 난 그저… 그저 즐겁고 싶어."

또 다른 노숙자를 인터뷰했을 때도 가장 원하는 세 가지 중에 돈은 들어 있지 않았다. 그가 꼽은 세 가지는 이랬다.

- 하느님과 더 가까워지고 싶다.
- 술에 취하지 않은 깨끗한 몸을 되찾고 싶다.
- 그리고 새로운 인생.

내가 생각한 것보다 이들의 소원은 더 가치 중심적이었다. 물질이 가장 필요한 처지인데 왜 가치를 소망하는 걸까.

인터뷰를 마치고 돌아가는 차 안에서 많은 생각이 들었다.

모두 어느 정도 돈이 있어야 이룰 수 있는 것은 맞다. 하지만 이들이 돈이라고 대답하지 않은 것은, 돈은 소원을 이루는 수단일 순 있어도 소원 그 자체는 아니기 때문이다.

두 사람 모두 마약이 자신들의 인생을 망쳤으며 이렇게 위험한 곳까지 오게 만들었다고 했다. 순간의 잘못된 선택이 후회스러운 인생으로 만들어버렸다. 그러니 항상 순간의 쾌락을 경계해야 한다. 무엇보다 장기적으로 인생을 바라봐야 한다. 그리고 힘든 상황에서도 좋은 미래가 기다리고 있다는 걸 꼭 기억해야 한다.

신과 달리 인간은 인생의 전 부분을 한 번에 보지 못한다고 한다. 지금 내 앞의 현실만 보고 그걸 전부로 알고 좌절하고 우울해 한다는 것이다.

하지만 신은 다 알고 있다. 이 순간을 지나 열 페이지만 넘기면 지금과는 전혀 다른 삶이 기다리고 있다는 것을. 이렇게 생각하고 항상 좋은 미래가 다가오고 있다고 믿는다면 당장의 괴로움을 조금 더 수월하게 극복할 수 있다.

겉모습만 보고 오해해서 미안합니다

암스테르담 소매치기 # 편견의 대가

암스테르담에 도착한 8월 초는 세계의 여행자들이 몰리는 네덜란드 최대 여행 성수기였다. 터키, 우크라이나, 독일을 거쳐 암스테르담에 도착했는데, 앞선 국가들과 물가의 차원이 달랐다. 성수기라는 점이 한몫하기도 했겠지만, 호스텔 도미토리 가격이 1박에 8만 원이 넘었다.

별다른 선택지 없이 늘 그랬듯 가장 싼 곳으로 예약했지만, 그마저 5만 원 이하로는 찾을 수도 없었다.

가격이 싼 데는 다 이유가 있다. 허름하고 좁은 방에 사람이 많거나 위치가 안 좋거나…. 내가 묵은 호스텔은 이 단점들이 모두 해당됐다.

2인용 침대 5개가 꽉 들어차 캐리어 하나 펼칠 공간도 없을 만큼 좁은 방, 경사가 워낙 가팔라서 넘어지지 않도록 극도로 조심해야 하는 허름하고 좁은 계단, 값싼 대신 시끄럽고 대마초에 찌든 여행객이 많기로 악명 높은 암스테르담 중심.

처음 도착한 날 같은 방 9명은 모두 백인 남자였다. 그런데 그중 절반이 밤에 방에서 대마초를 피웠다. 담배도 하지 않는 내게는 굉장히 자극적인 향이었고 머리가 지근지근 아파왔다.

늦은 시간엔 노숙자로 보이는 60대 아저씨가 새로 들어왔는데 악취가 심했고 피곤했던지 코를 엄청 골았다. 하필 내 바로 옆자리에서.

새벽 2시에 침대에 누웠지만 결국 잠 한숨 못자고 뜬눈으로 밤을 보냈다. 새벽 4시까지 뒤척이다가 이왕 이렇게 된 거 암스테르담의 새벽 길거리나 구경해보자는 마음으로 간단히 세수와 양치만 하고 방을 나섰다.

환락과 쾌락으로 가득했을 시내는 언제 그랬냐는 듯 조용했고 새들만 지저귀고 있을 뿐이었다.

10분쯤 걸어가니 스타벅스가 보였다. 이곳은 네덜란드 최대

관광지라 새벽 4시부터 오픈한다고 했다. 빵과 커피를 시켜다 놓고 노트북을 펼쳐 못다 한 유튜브 영상 편집을 시작했다. 아침 8시쯤 되니 사람이 엄청 북적거렸다.

편집에 집중하고 있는데 뒤에서 누군가 내 의자를 발로 툭툭 찼다. 돌아보니 어깨가 떡 벌어진 운동복 차림의 민머리 백인 남자였다. 내가 불쾌한 듯 쳐다보자 그도 눈썹을 치켜 올리면서 턱을 내 얼굴을 향해 수차례 들이밀었다.

유럽을 여행하다 보면 이민자들이 여행객을 상대로 시비를 자주 건다는 말을 여러 차례 들었던 터라 나는 순간 어떻게 대응할지 고민됐다.

"야, 그런 행동 다시는 하지 마."

단호하게 말하고 돌아앉아 하던 일을 계속하는데, 5초도 지나지 않아서 그가 또 내 의자를 세차게 차는 것이었다. 순간 욱 해서 "헤이!" 하고 의자를 박차고 일어서며 언성을 높였다.

그랬더니 그가 손가락으로 내 옆에 앉아 있던 남자를 가리켰다. 그쪽으로 시선을 돌리니 그는 모자를 쓴 채 다소곳이 앉아 있을 뿐이었다.

"하아… 나를 아주 가지고 노는구나!"

언짢은 마음으로 다시 앉으려는데 내 가방이 땅바닥에 떨어져 있었다. '분명 옆 의자에 두었던 가방이 왜 떨어져 있지?'라는 생각이 드는 순간, 왜 뒤의 남자가 그토록 내 의자를 발로 찼는지 알 수 있었다.

나는 황급히 가방 앞주머니를 확인했고, 아니나 다를까 그 안에 있어야 할 지갑이 없었다.

모든 상황이 이해되었다. 내 옆에 앉아 있던 모자 쓴 남자는 소매치기였고 뒤에 앉은 남자는 그 현장을 발견하고 나에게 신호를 보내준 것이었다.

"지갑 내놔!"

소매치기에게 조용히 말했다.

"무슨 지갑? 내 손을 봐봐. 아무것도 없잖아!"

"네 주머니에 있잖아! 지금 당장 안 내놓으면 바로 경찰 불러서 감옥 가게 만들어줄 거야!"

그제야 그는 한숨을 내쉬며 지갑을 돌려줬고, '너 때문에 일을 다 망쳤잖아' 하는 눈빛으로 뒷자리 남자를 노려보며 황급히 자리를 떠났다.

아찔했다. 300유로 정도의 현금은 그렇다 치더라도 장기 여행에 없어선 안 될 카드를 잃어버리는 건 생각만 해도 다리가 후들거리는 일이었다.

나는 마음을 잠시 추스른 후 나를 도와준 그 남자에게 사과와 함께 고마움을 전했다. 부끄러웠다. 운동용 티셔츠 차림에, 날카로운 눈매, 민머리… 그의 겉모습만 보고 나는 소문으로만 듣던 무례한 이민자 집단에 그를 포함시켜버린 거였다.

내 경솔한 판단과 달리 그는 가족과 함께 이스라엘에서 온 여행자였다. 그의 옆으로 아까는 미처 보지 못했던 형제, 자녀, 조카들이 눈에 들어왔다.

"정말 감사해요. 이런 일에 연루되고 싶지 않은 사람들이 분명 훨씬 많을 텐데 용기 있게 도와주셔서 정말 감사합니다. 당신과 당신 가족들이 아니었더라면 저는 지갑을 잃고 바로 한국으로 돌아가야 했을 거예요. 300유로는 당신들을 위해서 쓰고 싶습니다."

"하하. 아니에요. 해야 할 일을 했을 뿐입니다. 이미 많은 빵과 음료를 먹었고 막 일어서려던 참이에요. 마음만 받겠습니다. 아 참! 우리 아들이 당신에게 줄 선물이 있다네요."

응? 무슨 선물? 똘똘하게 생긴 그의 아들이 주머니에서 핸드폰을 주섬주섬 꺼내더니 한 동영상을 보여줬다.

아니, 이럴 수가! 아까 그 소매치기가 내 가방에서 지갑을 빼내는 장면을 찍은 영상이었다!

"유튜브 한다고 했죠? 이 영상 활용해서 더 재미있는 영상 업로드해주세요. 기대할게요."

그렇게 그들은 내 메일로 소매치기 현장 영상을 보내주고 다음 일정에 따라 이동했다.

하마터면 난 편견에 사로잡혀 도움의 손길을 뿌리칠 뻔했다. 해외에서 항상 조심하는 습관은 아무리 강조해도 지나침이 없지만 겉모습만 보고 피하다가는 정말 좋은 사람들을 놓칠 수도 있겠구나 싶었다.

그로부터 일주일 뒤, 네덜란드 일정을 하루 남겨둔 날 우연히 그 가족을 스타벅스에서 다시 만나게 되었다. 나는 은혜 갚을 기회를 놓치지 않았고, 그들 가족 여덟 명에게 음료와 빵으로나마 감사한 마음을 전했다. 그들은 기분 좋게 나의 인사를 받아주었다.

이제 정말 헤어질 시간, 처음엔 험악하게만 보였던 그 남자는 세상 그 어떤 사람보다 정감 있는 미소로 나에게 악수를 건넸다.

사람에 대한 인상은 내 마음이 결정하는 것이었다.

눈 찢으면 인종 차별인 줄 알았지

관계의 시작 # 먼저 다가가도 돼

두바이에 있을 때다. 항상 그렇듯 돈을 아끼느라 10인실 도미토리를 예약했는데 방문을 처음 열었을 때 맡았던 악취를 지금도 잊을 수가 없다. 다른 인종 간에 느낄 수 있는, 다른 인종이어야만 맡을 수 있는 그런 악취. 숨을 쉴 수가 없었다.

어차피 잠이 오지 않을 것 같아 짐 정리만 간단히 하고 곧장 아파트 숙소 내에 있는 헬스장에 운동을 하러 갔다. 하지만 결과적으로 괜한 짓이 되었다. 헬스장에서는 땀 냄새까지 뒤섞여 도미토리실보다 더욱 심한 악취가 느껴졌다. 그렇게 이도저도 못하고 다시 방으로 돌아와 간신히 잠을 청했다.

두바이는 현지인이 8퍼센트밖에 되지 않고, 나머지 92퍼센트는 파키스탄, 인도, 아프리카 등에서 온 외국인 노동자들이다. 그만큼 길거리에서 현지인을 보기가 쉽지 않았다. 게다가 내가 여행한 때가 마침 라마단 기간이라 여행자도 보기 어려웠다.

하루는 정해놓은 일정이 없어서 호스텔을 통해 사막투어를 예약했다. 출발할 때는 혼자라 외로울 줄 알았는데, 함께 투어를 다니는 외국인들과도 어울리고 영상도 찍고 하다 보니 꽤 알찬 하루가 되었다.

투어 일정을 마치고 사막에서 저녁 식사를 하고 있는데, 관광지를 돌아다니며 옷과 두건을 팔던 아프가니스탄 상인이 물건을 팔고자 내게 말을 걸어왔다. 난 이제 곧 두바이를 떠날 참이라 남은 돈이 얼마 없어서 물건을 살 수가 없다고 미안하다고 말했다.

곧 수긍하는 듯하던 그 친구가 대뜸 나에게 물었다.

"너 중국어 할 줄 알아?"

"아니. 넌 중국어 해?"

"아니 못해."

"그런데 왜 물어봐? 하하."

그러자 그가 양손으로 자신의 두 눈을 양 옆으로 찢으며 이러는 거다.

"네 눈이 이렇게 작아서 중국인인 줄 알았지! 하하."

아니, 이건 서양인들이 동양인들을 인종 차별할 때 흔히 하는 행동이 아닌가?!

두바이 여행을 마치고 터키 이스탄불을 여행 중일 때도 비슷한 일이 있었다. 현지인 친구들과 유적지를 관광하고 있었는데, 지나가던 현지인 할머니들이 나를 쳐다보면서 대뜸 양손으로 자신들의 눈을 찢는 시늉을 하는 거다.

난 조금 불쾌해진 마음으로 할머니들에게 말했다.

"할머니, 그런 거 하지 마세요. 인종 차별이에요."

나의 말에 할머니들은 몰랐다며 바로 사과했다. 그리고 이어서 한 분이 이렇게 말했다.

"동양인들 눈은 정말 아름다워. 네 눈을 보고 바로 한국인인 줄 알 수 있었지. 난 네가 좋아. 오해했다면 미안해!"

그런 상황에 맞닥뜨리면 그 사람이 나를 조롱하려고 그러는 건지 정말 몰라서 그러는 건지 확실히 느껴진다. 두바이에서 만난 그 아프가니스탄 상인과 터키 할머니들 모두 정말 모르고 한 행동인 걸 알 수 있었다. 그런 행동이 전 세계에서 인종 차별로 인식된다는 걸 전혀 모르는 느낌, 몰라서 그러는데 어떻게 화를 낼 수 있겠는가.

우리도 큰 코에 작은 얼굴, 노란 머리, 파란 눈을 가진 사람을 만나면 당연히 미국이나 유럽에서 왔다고 생각하고 특히 큰 코를 인상적으로 인식하듯이, 그들도 단순히 눈 작은 검은 머리의 사람들을 보면 동아시아에서 왔다고 생각하고 눈을 특징적으로 인식하는 것뿐이었다.

그게 결례라는 걸 모르는 사람에게는 그냥 알려주면 되는 거다.

문제를 삼으면 심각해지지만, 문제 삼지 않으면 아무 일도 아니다. 부당한 대우에 눈감으라는 게 아니다. 인종 차별이라고 바락바락 열을 올리면서 그 사람들을 죄인으로 몰아갈 수도 있겠지만, 그보다는 이러저러한 이유로 내가 기분 나쁠 수도 있다는 걸 알려주는 게 낫지 않을까? 상식이 있는 사람이라면 금방 알아들을 것이고 그게 아니라면 무슨 짓을 해도 그 사람 생각을 바꿀 순 없을 것이다.

누군가 나를 불쾌하게 만들었다면 그 사람을 지적하는 것도 중요하지만 나는 그런 적이 없는지 돌이켜볼 필요가 있다. 나조차 내 의도와는 다르게 누군가를 불쾌하게 만들 수 있으니까.

아, 그러고 보니 처음 두바이에 도착했을 때 같은 방을 쓰던 외국인들이 인상을 찌푸리는 날 보기라도 했으면 어땠을까? 그들이 봤다면 분명 굉장히 불쾌했을 거다. 몸을 씻지 않아서 나는 냄새가 아니라 단지 인종이 달라서 체취가 짙은 것인데….

이런 문화적 차이를 직접 경험하는 것 또한 여행의 묘미다.

모든 게 내가 어떻게 바라보느냐에 달려 있다.

두바이와 이스탄불에서 내가 화를 내면서 싸우려고 들었다면 그들과 좋은 마무리를 할 수 있었을까? 그들은 아마 자기 잘못을 더 인정하기 힘들었을 것이고 한국인에 대한 악감정을 가지게 됐을지도 모르는 일이다. 내 기분까지 망쳤을 게 분명하고.

낯선 환경과 만남에서 오는 생각지 못한 불편들에 지나치게 집착해서 문제를 키운다면 문 밖으로 한걸음도 나설 수 없을 것이다.

혹여 상대방이 나쁜 의도를 갖고 잘못된 행동을 했을지라도 그것에 집중해 화를 내기보다는 내가 먼저 유연한 태도를 가질 때 좋은 관계의 기회가 더 많이 온다. 그런 관계는 편안함과 행복감을 느끼게 한다.

호의를 갖고 다가오는 사람을 거부하는 사람은 흔치 않다.

생각해보라. 나와 친해지고 싶어서 호의를 보이는 사람을 미워한 경험은 거의 없을 것이다. 상대방도 똑같다. 내가 먼저 호감을 보이고 칭찬하며 다가가면 대부분 이전에는 보여주지 않았던 호감을 보여준다.

그래서 세계여행을 하며 나는 항상 먼저 다가갔다.

호스텔에서 만난 외국인들에게도 먼저 어디에서 왔냐고 물었고 이 호스텔이 마음에 드냐고 말을 건넸다. 입은 옷이 멋있다고, 이름이 예쁘다고 칭찬하며 호의를 보였더니 그들도 내게 관심을 갖고 함께 시간을 보내고 싶어 했다. 이런 관계의 시작으로 함께 영상을 찍은 적도 정말 많았다.

페이스북 CEO 마크 주커버그의 말처럼 "좋은 미래를 위한 최고의 스펙은 좋은 인간관계"다. 우리는 필연적으로 사람들과 어우러져 살아가고 함께 일을 한다. 좋은 관계를 가질 수 있는 힘이 있다는 건 정말 중요한 자기 관리에 해당하기도 한다.

상대가 어떻게 행동하느냐와 상관없이 내가 좋은 말과 행동을 먼저 보여주면 된다. 그러면 대부분의 사람들은 자기 잘못을 인정하고, 다름을 이해해주고, 나를 좋은 시선으로 바라봐줬다. 그렇게 그 하루는 즐거운 시간으로 기억된다.

어그로 마케팅으로 살아남는 법

기회를 얻는 일 # 본질을 봐

미국 캘리포니아 주 로스앤젤레스를 거쳐서 애리조나 주 피닉스로 갔다. 다음 여행지인 텍사스로 가는 길목이기도 했고, 2년 전쯤 유튜브에서 본 다큐멘터리 〈누드 카페(Naked Cafe)〉의 실체를 보고 싶었기 때문이다.

'누드 카페'라고 하니 굉장히 외설적일 것 같지만 그렇지는 않다. 주로 비키니를 입은 여성들이나 상의를 벗은 남자 바리스타들이 커피를 만들어주는 카페를 말한다.

다큐멘터리에서는 이런 누드 카페에 대한 여성 단체의 반발을 다루기도 했다. 여성의 성을 상품화한다는 점에서 이런 카페들은 없어져야 한다는 주장이었다. 나는 그런 카페에서 일하고 있는 바리스타들에게 이에 대한 의견을 직접 들어보고 싶었다. 그리고 현장을 직접 가본 뒤 나의 생각도 정리해보고 싶었다.

미국 피닉스에 이런 콘셉트의 카페가 아직 남아 있다고 했다. 나는 스코츠데일 근처 숙소에 짐을 풀고 카메라를 챙겨 미리 알아둔 비키니 카페로 향했다. 편도 1달러의 저렴한 지역 버스를 타고 10분 정도를 달려 그곳에 도착했다.

그런 곳은 처음이니까 당연하겠지만, 불법도 아닌데 오면 안 될 곳을 온 사람처럼 긴장됐다.

카페에 들어가니 예상대로 비키니를 입은 두 바리스타가 커피를 만들고 있었다. 나는 그곳의 시그니처 메뉴인 누드라테와 초콜릿칩 머핀을 주문했다. 그리고 내 유튜브 채널에 대해 설명한 후 비키니 카페에 대한 그들의 생각을 직접 들어보고 싶다고 부탁했다.

두 사람은 별일 아니라는 듯 허락해줬고, 나는 먼저 성 상품화라며 비난하는 여상 단체에 대해 어떻게 생각하는지부터 물었다.

"누구도 강제로 우리에게 비키니를 입으라고 강요하지 않았어요. 내가 하고 싶어서 하는 일이죠. 그래서 그렇게 비난하는 사람들을 이해하기 어려워요. 모든 비즈니스에는 장점과 단점이 있을 뿐이에요."

한 가지 현상에도 다양한 의견이 존재한다. 그리고 이들이 원해서 하는 일이라면 이 또한 이들의 자유이고 권리이지 않을까 하는 생각이 들었다.

역시 어려운 문제이긴 하다. 더군다나 남자인 내가 가타부타하기는 참 조심스럽다. 진지한 고민에 빠져 커피를 한 모금 마셨는데, 아니 다 필요 없고 커피가 너무 맛있어!

여행을 하면서 한국으로 돌아갈 때 유일하게 챙겨 가는 게 현지의 원두일 정도로 나는 커피를 즐겨 마신다. 그만큼 커피 맛에 민감한 내게 그곳의 누드라테 맛은 일품이었다. 풍미가 굉장히 깊으면서 지나치게 달지 않고 담백했다.

아, 결국 이건가?

중요한 건 커피 맛이 아닐까?

바리스타가 비키니를 입었는지 청바지를 입었는지보다 중요한 건 카페의 커피 맛이 아닌가. 물론 바리스타를 보려고 오는 사람도 있을 테지만 그런 마케팅으로는 장기적으론 성공할 수 없을 것 같았다. 결국 카페의 본질은 커피의 맛에 있는 것이다.

나는 평소 격투기를 즐겨본다. UFC 1년 정기권을 사서 매 달 열리는 넘버링 대회를 챙겨볼 정도로 열성팬이다. 경기 전 파이터들은 시합 홍보를 위해서 자신과 싸우게 될 상대방을 원색적으로 비난하며 욕설을 퍼붓는다. 그렇게 대결 구도를 만들면서 대중들의 흥미를 자신의 시합에 집중시킨다.

이걸 미국에서는 트래시 토크(Trash Talk), 즉 '쓰레기 대화'라고 하는데, 이런 행위를 이렇게까지 비하해서 부를 필요가 있을까 싶다. 이는 경쟁 과정에서 대중에게 자신을 알리기 위한 전략이고 엔터테인먼트의 일부이기도 하다.

트래시 토크를 가장 잘 활용하는 파이터는 아마 아일랜드의 코너 맥그리거 선수일 것이다. 그는 항상 인터뷰, 기자회견 그리고 자신의 SNS를 통해 시합할 상대 선수에게 트래시 토크를 날린다. 그렇게 전 세계 격투기 팬들의 관심을 이끌어내고 자신의 예언처럼 경기에서 이긴다.

UFC 역사상 총 251개의 넘버링대회가 열렸는데, 'TOP 6 고수익 경기' 중 5개가 코너 맥그리거의 경기였다. 굉장히 놀라운 수치다. 코너는 UFC 역사의 아이콘이 되어버렸다.

과연 그가 트래시 토크의 어그로만으로 이런 결과를 달성했다고 말할 수 있을까?

트래시 토크로 주목받으려는 파이터들은 수도 없이 많다. 한국에서도 코너 맥그리거를 따라한 파이터들이 몇몇 있었지만 저조한 성적으로 대중의 비난만 받고 활동을 멈춰야만 했다.

14연승을 달성한 파이터 코너 맥그리거. 실력 없이 어그로만 끌었다면 절대 달성하지 못했을 업적이다.

결국 비키니 마케팅도, 트래시 토크도 본질인 실력이 갖춰졌을 때 효과를 발휘하는 것이다.

누군가 이 비키니 카페가 성을 상품화한 거 아니냐고 묻는다면 나는 그렇다고 대답할 것이다. 하지만 비난받아 마땅하냐고 묻는다면 그렇지는 않다고 말할 것이다.

바리스타의 말처럼 누구도 강제로 그들에게 비키니를 입히지 않았고, 자신들의 아름다움을 스스로 이용하는 것일 뿐이지 않은가. 무엇보다 이 카페로 인해 피해를 받는 사람도 내 눈엔 보이지 않았다. 상의를 탈의하고 일하는 남자 바리스타도 마찬가지다.

자신이 운영하는 카페에 손님들을 끌어들이고 자신들이 만든 커피를 잠재적인 고객들에게 맛보여줄 기회를 얻는 것이다. 법을 어기지도 않고 누군가에게 피해를 주지도 않는 마케팅.

완전히 나체로 서빙을 한다거나 부적절한 행위가 오간다면 얘기는 달라진다. 그러나 내가 본 것은 대단할 것도 놀랄 것도 없는 비즈니스였다. 미남미녀 마케팅은 한국에도 많지 않은가.

오히려 잔뜩 긴장해서 쭈뼛대며 들어간 내가 머쓱해졌다.

나도 가끔 유튜브에서 이와 비슷한 류의 비판을 듣는다. 미녀와 함께하며 자극적인 내용을 보여주는 여행 브이로그라는 것이다. 그래서 진정한 여행이 아니라는 비판도 종종 있다고 들었는데 내 생각은 좀 다르다.

유튜브는 경쟁이 무척 치열한 플랫폼이다. 그곳에서 나의 콘텐츠를 알리기 위해선 사람들의 흥미를 끌 만한 나만의 전략이 필요했고, 난 썸네일로 일종의 마케팅을 하고 있다.

하지만 영상에 썸네일 이상의 내용이 담겨 있지 않다거나 하는 소위 '낚는' 행위는 절대 하지 않는다. 구독자들이 영상을 다 본 뒤에 시간이 아깝다고 생각한다면 아마 채널이 지금처럼 성장하기 어려웠을 것이다.

세계여행을 시작한 후 8개월간 30만 명 이상의 사람들이 내 영상을 보고 새로 내 채널을 구독해주었다. 그분들이 가장 많이 남긴 댓글 내용은 바로 내 영상 덕분에 '긍정적으로 바뀌었다' '꿈을 찾게 되었다'는 것이다.

내 콘텐츠가 다른 자극적인 영상들과 맥이 같았다면 그들은 굳이 시간을 들여 내 채널을 찾아주지도, 이런 응원 댓글을 남겨주지도 않았을 것이다.

본질을 보여주려면 일단 영상을 보도록 만들어야 하지 않겠는가. 구독자들을 기만하지 않는 선에서 주의를 끌기 위해 최선을 다하고 싶다. 이것이 사람들이 말하는 '어그로'라면 그런 비판 또한 겸허하게 받아들인다.

하지만 본질에 집중해 역량을 키운 다음에야 양념이 효과를 발휘한다. 어그로라는 한마디로 규정하기엔 나와 세상과 나의 영상이 그리 단순하지는 않다고 믿는다.

자극적인 썸네일과 카피 너머의 콘텐츠, 그 '본질'이 더 많은 사람에게 가 닿았으면 하는 바람이다.

다양한 세상을 겪어봐라

유럽과 미국을 오래 여행하다 보면 한 번 정도는 LGBT(성소수자) 프라이드 축제를 보게 된다. 나는 네덜란드 암스테르담, 미국 뉴욕, 이스라엘 텔아비브에서 이 축제를 구경했는데 한국에서 본 것과 분위기가 많이 달랐다.

종교적인 이유로 반대하는 단체와 싸워야 하는 한국과 달리 모두 함께 환호하고 축하하는 말 그대로 축제의 현장이었다. 성 정체성이 어떻든 나와는 '다른' 사람을 존중해준다는 사실이 보기 좋았다.

이스라엘 텔아비브 해변가에서는 집집마다 꽂혀 있는 LGBT 무지개 깃발을 볼 수 있었는데, 나는 약간 의아했다. 이스라엘은 유태교, 이슬람교, 기독교의 발상지로 종교적인 관습이 뿌리 깊게 남아 있는 국가다. 매주 토요일을 안식일로 지정해 기도하고 모든 상점이 문을 닫을 만큼 신앙심이 깊다. 그런 나라에서 성소수자를 상징하는 무지개 깃발을 버젓이 내걸고 LGBT 축제를 함께 축하해준다니!

내가 묵고 있던 호스텔 인포메이션 센터에도 여러 개의 무지개 깃발이 걸려 있어서 그곳 직원에게 물었다. 성경 말씀대로라면 성소수자를 옹호할 수 없는 것 아니냐고. 그러자 직원이 말했다.

"음… 그건 해석에 따라 달라질 것 같은데요? 우리는 같은 인간으로서 서로를 존중해야 할 의무가 있어요. 당신도 타인에게 존중받고 싶잖아요. 저도 그래요. 성 소수자들도 마찬가지일 거예요."

내가 존중받고 싶은 만큼 타인을 존중하라는 구절을 성경의 어디선가 본 기억이 난다. 나와 다른 타인을 존중하려면 다양성을 수용해야 한다.

우리나라는 단일 언어를 사용하는 단일민족 국가이기 때문에 다양성에 대해 생각해볼 기회가 많지 않은 것 같다. 나부터가 그랬다. 한국에만 머물 때는 내가 속한 세상, 그리고 거기서 나오는 가치관이 옳다는 편협한 생각을 가졌던 것 같다. 눈으로 보지 못했으니까.

미국이나 유럽에선 흔히 마주하게 되는 "왜 너와 다른 내 생각을 존중하지 않는 거야!" 하고 불편함을 토로하는 사람을 한국에서는 쉽게 찾아볼 수 없다. 다수의 의견에서 벗어나면 자연스럽게 묵살당하거나 틀린 것으로 인식되는 경우가 많지 않은가.

다양한 인종과 여러 종교가 섞여서 서로 싸우며 조화를 이뤄온 나라들처럼 다름을 인정하고 존중하는 법을 배울 기회가 적었던 탓이다.

그런 의미에서 이스라엘은 나를 크게 반성하게 만들었고 내 좁은 식견을 또 한 뼘 넓혀준 여행지였다.

개인 간의 다양성을 인정하는 것에서 더욱 확대하면 문화의 다양성 또한 수용할 수 있어야 한다. 글로벌 시대에 세계 여러 나라 사람들이 섞여 살아가는 만큼 다양한 문화를 존중하는 태도를 기르는 것이 중요해졌다.

꼭 외국에 나가지 않더라도 우리나라에 이미 많은 외국인이 들어와 살고 있고, 그들은 국적만큼 다양한 문화적 배경을 가지고 있다. 나는 한국에서도 외국인들을 사귀었지만 여행을 다니며 더 다양한 문화를 경험할 수 있었다.

너무 이질적인 문화를 만나면 누구나 당황할 수 있다. 나도 그랬다. 독일에 갔을 때 그 나라에 혼탕 사우나 문화가 있다는 사실을 알고 얼마나 놀랐는지 모른다. 그런데 알고 보니 독일 사람들에게는 이미 대중화되어 있어서 그리 부끄러운 일이 아니었다.

가까운 나라 일본에도 이런 혼탕 문화가 있다. 그리고 일본의 영향을 받은 필리핀에는 여자 세신사가 남자의 몸을 씻겨주는 문화도 있다. 결국 그 나라의 고유한 문화 현상으로 받아들이면 되는 것이다.

그래, 그럴 수 있지.

호들갑 떨기보다 이런 자세를 유지하는 게 중요하다.

새로운 문화를 체험해본다는 마음으로 독일인 친구와 함께 즉흥적으로 혼탕 사우나에 가보기로 했다. 하지만 긴장이 되는 건 어쩔 수 없었다. 그런데 사우나 안에 들어가보니 금방 그 분위기에 익숙해졌다. 다들 덤덤하게 자기 할 일을 하니, 나도 다른 사람을 의식하지 않고 사우나를 즐길 수 있었다.

이런 이질적인 문화를 어떻게 바라봐야 하는가에 정답은 없다. 각자의 다른 생각과 그 근거, 그리고 가치관이 있을 뿐이다. 그런데도 다른 것을 틀린 것이라고 생각하는 사람이 여전히 많다. 나와 다른 것은 이상하다거나 잘못됐다면서 깎아내린다.

이런 현상은 비단 우리나라만의 일은 아니다. 소위 문화 선진국이라고 불리는 나라에서도 편협한 관점에 맞닥뜨릴 때가 있다.

프랑스 리옹에서 대형견을 산책시키던 한 할아버지가 한국어를 쓰는 우리 일행에게 다가와 한국은 여전히 개를 먹느냐고 대뜸 물어온 적이 있다.

당황하긴 했지만, 우리는 차분히 할아버지가 알고 있는 것과 사실은 다르며 하나의 잣대로 바라볼 수 없는 문제라는 의견을 전했다. 하지만 할아버지는 이미 우리 말은 들을 생각도 없다는 듯 혀를 끌끌 차며 멀어져갔다.

세상은 정말 내 마음 같지 않다. 남은 원래 내 뜻과는 다르게 움직인다. 그런데도 내 생각과 같기를 바라며 부단히 남을 바꾸려 불필요하게 힘을 뺀다. 그 기대감에서 실망감이 생겨나고, 실망은 차츰 미움으로 번진다. 그저 서로 다름을 인정하고 바라보면 간단해지는 일인데 쉽게 그러지를 못한다.

나와 다른 사람, 다른 문화를 보면 그것이 아무리 이질적인 것일지라도 나는 우선 이렇게 생각한다.

'아, 그렇게 생각할 수도 있겠구나.'

'나와는 좀 다르구나.'

'우린 서로 다른 환경에서 자랐구나.'

설사 실제로 이렇게 생각하지 않더라도 이런 생각을 습관적으로 하다 보면 서서히 포용력이 넓어지는 경험을 할 수 있을 것이다. 생각도 습관이 되기 때문이다. 이는 나 자신을 위해서도 좋은 일이다. 그러면 세상은 훨씬 더 다채롭고 흥미로운 곳으로 다가온다.

서로 다르다는 것에 너무 집중할 필요도, 같아지려고 너무 애쓸 필요도 없다. 그저 '너는 그렇구나. 나는 좀 다른데' 하고 생각하면 그게 또 별게 아니다. 그렇게 좋은 관계가 이루어진다.

다름을 포용하고 인정하자.

나도 누군가 그렇게 대해주길 바라니까.

'국뽕'이 어때서

기회의 시대 # 시야를 넓히자

나는 내가 속한 공동체와 집단에 대한 애정이 강한 편이다. 대학생 때 밖에서 사람들을 처음 만나거나 아르바이트를 하다가도 내 소개를 해야 하는 상황이 되면 나는 항상 "동국대학교 경영학과에 다니는 윤희철입니다"라고 소개했다.

사실 객관적인 시각에서 그 대학에 강한 자부심을 느낀 건 아니었다. 하지만 그때는 내가 다니는 학교, 내가 최선의 노력을 한 끝에 입학한 학교라는 자부심이 있었다.

이런 자부심을 꼭 누가 봐도 뛰어난 대상에게만 가질 수 있는 건 아니다. '우리 부모님이 최고, 내 자식이 세계에서 최고야'라고 할 때 부모님의 경제적 능력이 뛰어나서, 자식의 학교 성적이 높아서 그렇게 부르는 게 아니지 않은가. 단지 '내 가족'이고 '내가 사랑하는 사람'이기 때문이다.

내게는 대한민국도 그렇다. 내 채널의 영상 댓글에서 '국뽕리즘' '국뽕희철'이라고 놀림을 받을 정도로 나는 대한민국에 대한 자부심이 엄청나고 정말 우리나라를 사랑한다.

이유를 대라면 댈 수도 있다. 세계 반도체 1위, '한강의 기적'이라 불릴 정도로 빠른 시간 내에 경제대국으로 올라섰다는 사실, 김연아나 류현진, 박지성 등 세계적으로 자랑스러운 우리나라 스포츠 스타들….

하지만 솔직히 말하면 그냥 '내 나라'니까, 내가 살아가는 국가라는 이유로 사랑하고 자부심이 있는 것이다.

세계여행을 하는 동안 대한민국에 대한 내 자부심은 막연한 자긍심에서 근거 있고 객관적인 자긍심으로 한층 더 발전되었다. 우리가 한국 내에서만 알고 있었던 위상보다 세계인들이 인식하고 있는 한국의 위상이 훨씬 높았기 때문이다.

한국에서부터 알고 지내던 베트남인 친구가 있다. 호치민 국립

인문사회과학 대학교의 한국어학과에 재학하는 학생이어서 내가 호치민에 갔을 때 학교 교수님께 양해를 구하고 수업을 참관한 적이 있다.

정말 열심히 한국어 공부를 하는 현지 베트남 대학생들을 실제로 보니 여간 신기한 게 아니었다. 중간 휴식 시간 때 학생들에게 왜 한국어를 배우는지에 대해서 인터뷰를 했다. 한국 문화가 좋아서 배우기 시작했다는 사람들도 있었지만 대부분은 돈을 많이 벌고 싶어서 한국어를 전공으로 선택한 것이었다.

베트남 현지에 진출한 한국 기업에 취직하려면 한국어 능력이 필수이고, 한국 기업은 베트남 현지 기업보다 월급을 3배는 더 주기 때문이다.

"베트남 수출의 25퍼센트는 삼성 덕분"이라며 삼성의 성공이 베트남의 성공이라고 말한 베트남 총리의 발언으로도 알 수 있듯이 베트남 내에서 한국 기업의 위상은 꽤 높은 편이다.

케이팝의 인기는 말할 것도 없다. 호치민 길거리 곳곳에서 10대 소녀들이 BTS, EXO의 음악을 틀어놓고 춤을 추고 있었고, 한국인인 내가 지나가면 적극적으로 다가와 본인들이 얼마나 한국을 좋아하는지에 대해서 말해주곤 했다.

그럴 때마다 다른 나라 사람들이 한국인을 이렇게 호의적으로 대해준다는 사실이 기분 좋기도 했고, 한국인으로 태어난 것에 대해 감사한 마음도 많이 들었다.

예전에는 케이팝으로 인한 인기가 중국, 일본, 대만, 태국, 베트남, 말레이시아 등 아시아권에만 있었다면 지금은 미국, 독일, 프랑스 등 서구권에서도 엄청난 한류를 느낄 수 있다.

미국 텍사스에 여행 갔을 때도 우연히 길에서 케이팝 댄스 경연대회를 하는 미국인들을 보고 인터뷰를 했었는데 현 10대들 사이에서 케이팝은 이미 주류 문화로 자리 잡았으며, 한국의 뮤직비디오 연출력과 기술은 전문가들 사이에서도 배워야만 하는 선진 문화로 받아들여지고 있다고 했다.

우리에게는 미지의 나라인 이스라엘에서조차 BTS를 언급하며 길에서 내게 말을 걸어온 소녀들이 있었을 만큼 케이팝의 인기는 전 세계에 퍼져 있다.

세계인들의 한식 사랑도 대단하다. 2013년 제대 직후 여행했을 때만 해도 미국의 한식당에는 한국인과 중국인들이 대부분이었는데, 2019년에 보스턴과 뉴욕을 여행하던 중 들른 한식당들에는 백인, 흑인, 중동 사람들이 훨씬 더 많았다. 현지 입맛에 맞게 조리법이 진화하기도 했지만 한식이 건강에도 좋고 맛있는 음식이라는 인식이 널리 확산한 덕분이다.

사실 한국은 수출 국가로서 오래전부터 세계의 수많은 국가들과 경제적 교류를 해왔다. 그런데도 그다지 널리 알려지진 못했었다. 심지어 삼성, 현대, 기아를 일본 기업으로 오해하는 서양인들도 많지 않았는가.

그런데 오늘날 한국의 국가 브랜드 가치는 엄청나게 상승했다. 그건 한국인 개개인에게도 그만큼 많은 기회가 생겼다는 걸 의미한다.

Made in Korea는 이제 품질 보증의 다른 말로 인식될 정도다. 개개인이 용기를 갖고 세계로 나아갈 수 있는 바탕이 만들어진 것이다.

세계여행을 하며 내가 직접 본 대한민국의 위상은 정말 대단했다. 어쩌면 우리가 생각하는 한국보다 외국인들이 생각하는 한국이 훨씬 더 대국일 수 있겠다는 생각도 든다.

그러니 시야를 좀 더 넓게 가져보면 어떨까. 더할 나위 없이 좋은 지금 시대의 기회를 어떻게 활용할지 한번 고민해볼 일이다.

나를 일으키는 문장

모든 것은 결국 잘될 것이다.
만약 잘되지 않았다면 아직 과정인 것이다.

– 페르난두 사비노

Everything will be okay in the end.
If it's not okay, then it's not the end.

우리의 삶은 사계절과 같다.
씨를 뿌리는 봄에는 바쁘게 움직이지만 얻는 게 많지 않다. 모든 자연이 푸르러지는 여름은 움직이는 만큼 얻는 시기다. 수확의 계절인 가을엔 내가 하는 것보다 얻는 게 많은 시기로 그만큼 자신감이 넘친다. 춥고 앙상한 겨울은 내가 할 수 있는 일이 제한적이어서 좌절에 빠지기 쉽다.

우리 인생도 이처럼 순환한다. 하는 일이 잘 안 풀린다면 내가 지금 겨울을 지나고 있구나 하고 인식하면 된다. 이때는 긍정적인 마음으로 봄을 기다리는 게 가장 좋다. 지금은 비록 혹한의 추위에 떨고 있지만 곧 겨울은 가고 봄은 필연적으로 오게 되어 있다.

이 모든 건 단지 봄으로 가는 과정일 뿐인 것이다.

이런 믿음 덕분에 나는 언제나 긍정적인 자세를 유지할 수 있었고, 덜 헤매고 더 빨리 좋은 결과에 당도할 수 있었다. **멈추지만 않는다면 모든 일은 결국 잘될 수밖에 없다.**

Chapter 5

이렇게 살 수도 있습니다

세계에서 만난 다양한 삶의 방식

GO

주식 하면 패가망신하는 거 아니었어?

금융문맹 탈출 # 돈 되는 공부

세계여행을 다니며 대부분 호스텔에서 머물렀는데, 특히 유럽을 여행할 때는 방값이 비싸서 10인실도 자주 이용했다. 그렇다 보니 미국이나 유럽 국적의 배낭 여행자들을 많이 만나게 되었다.

그들과 이야기를 나누며 놀라운 점이 하나 있었는데, 대부분 20대 초반인데도 불구하고 꽤 많은 여행자들이 주식 투자를 하고 있었고 여행 중에도 이를 꾸준히 체크하고 있었다는 점이다. 주식은 나와는 먼 이야기로만 느껴져서 너무 신기했다.

"가치 있는 회사에 투자를 해놓으면 돈을 벌면서 여행을 할 수 있어."

이 말을 내게 해준 스물세 살의 독일 친구는 주식 투자로 한 달에 평균 300만 원 정도를 벌고 있다고 했다.

"아니 어떻게 이게 가능한 거야? 넌 여행 중이라 공부할 시간이 없잖아!"

내가 되묻자 그가 대답했다.

"우리는 어릴 때부터 주식에 투자해. 부모님들이 그렇게 교육하지. 확실하진 않지만 미국에선 학교에서도 주식 투자를 가르친다고 들었는데?"

나는 머리를 크게 한 방 얻어맞은 기분이었다. 주식이라고 하면, 주식 해서 망했다, 자살했다, 이런 뉴스만 떠올랐는데…. 이렇게 어린 친구가 주식이라는 자본 소득으로 웬만한 월급쟁이만큼 번다고? 얘가 그냥 천재인 거 아닐까?

이 친구뿐 아니라 여행 중 만난 유럽권이나 미국의 많은 사람이 적금이 아니라 주식에 투자하고 있었다.

한국으로 돌아와서 주식에 대해 제대로 알아보기로 했다. 처음에는 세계적으로 유명한 주식 부자들이 쓴 기본서를 비롯해 돈의 역사나 경제학 중심으로 책을 찾아서 읽었고, 조금씩 작은 돈을 실제로 투자해보면서 실전 경험을 쌓았다.

시작한 지 얼마 안 돼서 운이 좋았는지 주식으로 한 달 수익 400만 원을 찍었다. 물론 이건 단기 수익으로 앞으로 그 수익이 보장되는 건 아니었지만, 내가 면밀히 분석한 후 투자한 회사로부터 이렇게 수익을 냈다는 점에서 주식이 어떤 개념인지 알 수 있었다.

한국은 일본과 더불어 OECD 금융문맹국 1, 2위를 다투는데, 주식을 하면 패가망신한다는 인식이 팽배한 것도 금융문맹의 일종이라는 생각이 들었다.

주식에 대해 부정적인 이미지를 갖게 된 것은 물론 그럴 만한 원인이 있다. 우리나라에서 주식은 장기적으로 여유 자금을 가지고 해야 한다는 원칙을 지키지 않고 도박처럼 하는 사람이 많기 때문이다.

어떤 회사에 대해 깊이 공부해서 발전 가능성을 보고 투자하는 것이 아니라 테마주를 사서 단시간에 대박을 노린다면 주식은 투자가 아니라 도박이 된다. 그런 무모함이 한순간에 내 삶을 나락으로 빠뜨릴 수 있는 것이다.

주식에 대해 공부하고 실제 투자도 해본 후 내가 느낀 점은 누군가 벌면 누군가는 반드시 손해를 보는 제로섬 게임이 아니라는 것이었다. 오히려 옳은 방법으로 공부하고 투자한다면 손해볼 확률도 적다. 동전 던지기 하듯 근거 없는 예측만으로 투자하는 게 아니라 시장을 알고 기업들을 분석해 그 가능성에 투자한다면 노력한 만큼의 성과가 반드시 뒤따른다.

그동안 내가 돈 버는 방법에 대해 너무 갇힌 사고를 하고 있었다는 생각이 들었다. 직장을 다니거나 사업하는 것 외의 다른 돈벌이에 대해서는 생각해본 적이 없었다. 그리고 주식은 하면 안 된다는 막연한 두려움과 편견을 가지고 있었다. 잘 알지도 못하면서.

한 가지 분명한 것은, 뭐든 공짜는 없다는 사실이다.

자본 소득을 얻기 위해서도 노력이 필요하다.

자본주의 시대를 살아가는 우리는 주식뿐만 아니라 부를 축적할 수 있는 돈 되는 공부를 해야 한다. 학교에서 왜 돈 버는 경제 활동에 대해 가르치지 않는지 의문이다. 어릴 때부터 올바른 투자법을 배운다면 기회는 훨씬 많아질 텐데 말이다.

학교에서 바랄 수 없다면 우리 스스로 해야 한다. 내가 충분히 해낼 수 있고 누릴 수 있는 것들을 즐기는 마음으로 공부해나간다면 지금 내가 상상하는 미래는 반드시 찾아온다. 장기적으로 훌륭한 삶의 토대를 마련하는 데 이런 마음가짐이 반드시 필요하다고 생각한다.

금수저 아니어도 도금 정도는 할 수 있잖아

남들이 뭐라든 # 나는 나비

세계여행 첫 여행지인 베트남 호치민에서 23일을 보낸 후 하노이로 갔다. 베트남 한 달 비자를 발급받았기에 하노이에서 머물 수 있는 시간이 4일 정도가 남아 있었다. 유튜브 영상 수익이 어느 정도 들어오고 있었지만 앞으로도 계속 잘되리라는 보장은 없었다. 돈은 있을 때 모아놔야 하는 법. 나는 계속해서 1박에 8천 원 정도 하는 호스텔에 묵기로 했다.

하노이에 도착한 시간은 밤 11시. 그런데 나는 그때까지도 호스텔 예약을 하지 않았다. 여행을 다니다 보면 미리 여행 계획을 짜는 사람과 현지 상황에 맞춰 그때그때 일정을 정하는 사람, 이렇게 두 부류의 여행자들을 만나게 되는데 난 후자다. 항상 닥쳐서 준비하느라 한두 가지 빼먹기 일쑤지만, 이건 잘 고쳐지지 않는 나의 여행 습관이다.

장기 여행을 하다 보면 일정이 어떻게 흘러갈지 예측할 수 없다. 나와 너무 안 맞는 여행지는 빨리 떠나고 싶고 반대로 생각지도 못한 곳에서 계획한 일정보다 오래 머물기도 한다. 모든 걸 계획하는 여행에서는 대개 정해진 일정대로만 다니게 되니 일반 관광객과 다를 바 없는 여행을 하기 쉽다.

어디에서도 본 적 없는 새로운 영상을 만들고 싶은 나로서는 더더욱 계획 여행은 하지 않게 된다. 그래서 협업을 위해서 미리 숙소를 예약해야만 하는 일정이 아니고선 대부분 무계획으로 다닌다.

늦은 시간이었지만 다행히 아직 시내버스가 운행 중이었다. 시내에 내려선 눈에 보이는 오토바이들 중 한 대를 잡아탔다. 20킬로그램짜리 배낭에 피로감까지 더해져 어깨를 짓눌렀지만 오토바이를 이용하면 택시에 비해 3천 원 정도 아낄 수 있었다.

나는 오토바이 운전사의 허리를 꽉 움켜잡으며 호이안의 여행자 거리 호안끼엠으로 가달라고 말했다.

자정이 다 된 시간, 낮 동안 여행자들로 붐볐을 거리는 조용했다. 평소 같으면 몇 곳을 둘러보고 숙소를 정했겠지만 오늘은 그럴 여유가 없으니 제일 먼저 눈에 띈 호스텔로 들어갔다.

그런데 영어가 전혀 안 되는 직원이 방이 없다는 듯 “Full, Full”만 외쳐대는 거다. 하노이는 특히 서양인들이 많이 찾는 베트남 여행지였고, 호치민에서 3주간 머문 호스텔 직원들도 모두 영어를 잘했기 때문에 좀 의외라는 생각이 들었다.

무거운 배낭을 메고 또 다른 숙소를 찾아다니기도 싫었고, 5월 비수기에 방이 꽉 찼다는 말을 믿기도 힘들었다. 내가 방 있는 거 다 안다며 버티고 서 있으니 직원이 어쩔 수 없다는 듯 나를 안내했다.

역시나 빈 침대는 많았다. 호스텔 직원 아저씨가 영어가 안 되니 응대가 어렵고 한밤중이라 귀찮아서 없다고 한 것이 분명했다. 하지만 침대에 이불이 없었다. 밤새 추위에 떨며 잠을 설친 다음 날 어쩔 수 없이 숙소를 옮겨야만 했다.

전날 너무 고생을 했던 탓에 나는 큰맘 먹고 호스텔 비용의 2배에 달하는 에어비앤비로 옮기기로 결정했다. 장기 여행자인 내게 하루 숙박비 1만 5천 원은 굉장한 부담이었지만, 남은 베트남 일정 3일을 잘 마무리하기 위해서 며칠만 편하게 지내기로 한 것이다.

마중 나온 주인을 따라 들어서니 아늑한 가정집이었다. 전날 호스텔의 환경과는 비교도 되지 않는 편안한 개인실을 보자 마음이 푹 놓였다. 짐을 풀고 침대에 누웠다가 나도 모르게 깜빡 잠들었는데 노크 소리와 함께 저녁식사가 준비되었다는 소리가 들렸다.

눈을 비비며 1층으로 내려갔더니 이게 웬일인가! 베트남 가정식으로 진수성찬이 차려져 있는 거다. 아무래도 옮기길 잘했다는 생각이 다시 한 번 들었다.

주인아주머니, 나와 동갑인 딸, 그리고 열여덟 살 아들 이렇게 넷이 둘러앉아 이런저런 이야기를 나누면서 식사를 했다.

"희철, 처음에 유튜버가 우리 집을 예약했다고 해서 정말 좋았어. 나도 유튜브 채널에 동영상 올리고 있거든."

남동생이 말했다.

"오, 멋지네. 내가 전문가는 아니지만 도와줄 수 있어. 뭐든지 물어봐. 나가서 같이 영상 찍어봐도 되고. 유튜버가 되고 싶은 거야?"

"아… 유튜브 영상은 연습 삼아 해보는 거고, 나 곧 미국으로 유학 가. 전 세계에서 가장 유명한 영상제작자가 될 거야!"

그건 좀 불가능하지 않나….

그에겐 미안하지만 솔직히 의구심이 들었다. 집이 경제적으로 그렇게 풍족해 보이지도 않는데 미국 유학이라니. 이 어린 친구의 계획이 궁금해졌다. 실례가 될까 걱정스러워서 농담처럼 슬쩍 떠봤다.

"올~ 부모님이 팍팍 밀어주시나 본데~ 어릴 땐 부모님의 도움을 받고 성공해서 효도하는 것도 좋은 일이라고 생각해. 잘해봐!"

"아니, 아니. 우리 집은 아버지만 일을 하시고 공무원이라 큰돈이 없어. 베트남에서 가난한 편은 아니지만 한 달 벌어 한 달 사는 정도야. 부모님께는 어떠한 금전적 지원도 받을 수 없어."

"아니, 그런데 어떻게 미국 대학에 지원했던 거야? 아르바이트로 그 엄청난 수업료를 벌긴 어려울 텐데?"

"아니, 4년 국가 장학금을 받고 미국에 가는 거야. 아직 학교는 정해지지 않았지만 중학교 때부터 준비했어. 어릴 때부터 세계에서 가장 유명한 영상제작자가 되겠다고 말했을 때 친구들은 비웃더라. 차라리 영어를 배워서 월 100만 원을 받는 게 현실적인 목표라고."

맞는 말이다. 베트남 평균 월급이 20~30만 원에 불과하니까.

"하지만 분명 내가 이뤄낼 수 있다고 믿었어. 부모님의 경제력과 상관없이, 난 뭐든지 이루어낼 수 있다고 말이야. 다른 과목보다 영어를 위주로 공부하면서 장학금 정보를 찾아봤고, 거기에 맞춰서 나의 능력을 발전시켰고, 드디어 해냈어. 생활비는 아르바이트를 하며 벌어야겠지만 수업료와 기숙사 비용이 해결되었으니 이정도면 아주 좋은 조건이라고 생각해."

의심을 품었던 나 자신이 부끄러워졌다. 불과 열여덟 살의 나이에 목표한 걸 진득하게 이뤄나가는 모습, 자신에 대한 믿음과 낙관적인 태도, 그 모든 것이 대단해 보였다.

무슨 일을 할 때면 주변에서 이러쿵저러쿵 하는 말을 자주 듣게 된다.

"넌 이래서 안 돼!"

"다른 안정적인 길을 찾아보는 게 어때?"

"공무원? 경쟁률이 얼만데! 시간 낭비만 하다 후회하는 사람 많던데?"

"사업하는 사람치고 잘된 사람을 못 봤다."

이런 말 저런 말 하나하나 다 신경 쓰다 보면 도대체 무슨 일을 해야 할지 종잡을 수 없게 되어버린다.

땅을 기는 애벌레는 하늘을 나는 나비를 이해할 수 없다. 더 높고 넓은 곳을 바라보는 나비는 애벌레를 이해시킬 수도 없고 그럴 필요도 없다. 다만 자신의 날개를 믿고 날아오르는 것이다.

주변사람들의 말에 휘둘리지 말고 내가 바라보는 그 방향을 향해 최선을 다해서 나아가자. 남이 만들어놓은 기준에 따르며

쉬운 길만 좇는다면 편안할진 모르겠지만 나비가 되어 날아오를 때의 희열은 결코 맛볼 수 없을 것이다.

그런 희열은 필요 없다고 말할지도 모르겠다. 하지만 그건 맛보지 못했기 때문에 하는 말이다. 그 만족감과 성취감을 느껴본 사람이라면, 결코 현재 이곳에 머물지 못한다.

내가 나비라는 것을 믿고 주변 애벌레들의 말은 귀 담아 듣지 말자. 나는 누구보다 내가 가장 잘 알고 내 비전도 내가 가장 잘 보고 있다.

지금 계획하고 있는 일, 그게 맞다.

결국 모든 일은 잘될 거다.

사람들 생각보다 내 행복이 중요해

내가 한 선택에 # 만족하는 용기

유럽은 여러 국가들이 인접해 있어서 여행하기가 참 좋다. 비싼 비행기 대신 버스나 기차로도 다른 나라에 갈 수 있다는 점이 특히 그렇다.

베를린은 세계여행을 계획할 때부터 관심이 많았던 도시였다. 우선 동독과 서독으로 나뉜 분단 국가였기에 오늘날까지 휴전 중인 우리나라와 비슷한 과거를 가지고 있었다는 점이 흥미를 끌었다. 그리고 한국어 봉사 동아리에서 만난 친구, 리사를 만나기로 한 곳이기도 했다.

리사는 키가 182센티미터로 큰 편이고 아름다운 외모를 가져서 어디서든 눈에 띄었다. 리사가 교내를 지나갈 때면 모세의 기적처럼 길이 열렸다. 남녀 할 것 없이 모두 리사를 쳐다봤고, 그녀가 지나간 뒤에는 수군거리는 풍경이 매일같이 펼쳐졌다.

그런 리사가 어느 날 우리 동아리에 한국어를 배우러 왔다. 그렇게 인연을 맺은 지 4년이 지나, 리사가 살고 있는 베를린에서 다시 만나게 되었으니 감개가 무량했다.

드디어 리사가 밝게 웃으며 나타났다. 예전의 그 당당함 그대로였다. 이제 나도 영어로 소통이 어느 정도 가능하고 세계여행을 하면서 자신감이 붙어서 예전만큼 긴장되지는 않았다.

우리는 우선 독일 사람들이 자주 먹는 소시지와 빵으로 점심식사를 하고, 유명한 아이스크림 가게에 가서 디저트도 먹었다.

해질녘에는 노천 펍에 가서 맥주도 한잔했다. 그토록 와보고 싶었던 베를린에서 만나고 싶었던 친구도 만나고, 환상적인 날씨에 취기까지 살짝 더해지니 더할 나위 없었다. 이게 바로 여행의 맛이다!

"리사, 그런데 너 왜 독일로 돌아간 거야? 유명배우와 CF도 찍고 한국 모델계에서 러브콜 많이 받았던 걸로 아는데."

"오, 어떻게 알았어?"

"학교에 소문 쫙 났었지. 우리는 너 다 연예인 되는 줄 알았어."

리사는 조금 진지한 표정이 되었다. 맥주를 한 모금 들이켜더니 살짝 웃음기를 머금은 채 말을 이어나갔다.

"나는… 카메라 앞에서 즐겁지가 않더라. 계속 CF 모델을 하면서 한국 TV 프로그램에도 나가고 했다면 인기가 많아졌을지도 모르지. 돈도 많이 벌고 말이야. 사람들이 말하는 성공한 삶, 행복한 삶을 살았을지도 몰라. 나도 가끔은 거기에 취하기도 했겠지만 그건 내가 진정으로 행복한 게 아니잖아. 사람들이 그렇게 생각하는 거지. 사람들이 바라보는 내 모습이 진짜 내가 될 순 없는 거니까."

리사는 현재 마케팅 회사에 다니고 있다고 했다. 회사 동료들은 자신을 존중해주고 자신도 그들을 존중한다. 퇴근 후에는 헬스장에 가서 운동을 하고 주말에는 친구들과 쇼핑하고 수다도 떨고. 또 휴가를 맞춰 친구들과 가까운 유럽 국가들을 여행하기도 한다.

누군가는 평범하다고 말할, 너무나 행복한 일상.

"난 지금이 좋아. 올바른 선택이었어. 모델의 삶과 비교한다면 지금의 내 삶은 분명 평범해 보이겠지만, 내가 정말 행복한걸? 이게 좋아. 난 지금의 내 삶이 정말 만족스러워."

자신의 선택에 만족하고, 더군다나 자기 삶에 만족할 수 있다는 건 정말 크나큰 축복이다. 나는 그녀를 보며 그걸 느꼈다.

자신에게 가장 행복한 것이 뭔지를 알고 남의 시선에 관계없이 그것을 선택하고 누리는 것, 욕망을 좇으며 도전하고 성취하는 것 못지않게 이 또한 대단한 용기라는 생각이 들었다.

우리는 남의 시선을 너무 많이 신경 쓴다. 그러다 보니 내가 원하는 것이 진짜 내가 원하는 것인지 남이 원하니까 나도 원하는지 헷갈린다. 그러면 뭔가를 이루어도 껍데기만 남은 것처럼 느껴진다.

외국에서 오래 생활해본 건 아니지만 짧지 않은 여행을 하는 동안 우리나라 사람들이 특히 남의 시선에 많이 신경 쓴다는 걸 느낄 수 있었다.

내가 만난 많은 한국인은 남들이 나를 부러워해야, 인정해줘야 행복하다고 느끼는 것 같았다. 잘 살고 있다는 걸 과시하듯 여행지에서 음식점에서 카페에서 사진을 찍어 SNS에 올린다. 그리고 좋아요 수에 따라 자신의 행불행 정도를 측정한다.

실제로 한국인들의 삶의 만족도나 행복지수는 그리 높지 않다고 하지 않나.

정말 좋은 차, 남부럽지 않은 직업, 고수입, 든든한 인맥… 나 역시 원한 것들. 그런데 다시 생각해보지 않을 수 없었다.

이런 걸 다 가지면 과연 행복해질까?

행복하다고 착각하는 건 아닐까?

리사가 내게 물었다.

"희철, 너는 어떨 때 행복하다고 느껴?"

리사의 질문에 오롯이 내가 원하는 것을 직시해보았다.

"나도 너와 비슷해. 열심히 일해서 내 능력이 허락하는 범위 안에서 정직하게 최선의 성과를 냈을 때, 일과를 모두 마치고 저녁에 운동할 때, 가족이나 친구들과 일상적인 감정을 나눌 때… 그럴 때 가슴 밑바닥에서부터 즐거움과 행복감이 밀려와."

사실이었다. 다른 사람이 나를 어떻게 보는지는 장기적으로 전혀 의미가 없다. 남들이 나를 아무리 부러운 눈으로 쳐다본다고 한들, 그들 눈에 내가 정말 행복한 사람으로 비춰진다고 한들 그게 무슨 소용일까. 정작 나는 자려고 침대에 누웠을 때 걱정거리가 한가득인 하루를 겨우 살아내고 있을 수도 있는데….

리사처럼 스스로 만족스러운 삶을 살자.

내가 행복하다고 느끼는 순간들을 기억하자.

남의 말과 시선 따위 신경 쓰지 말고, 내가 만족스러운 기준에 따라 살아가자.

살아보지 않으면 결혼을 결정할 수 없어

배우자의 조건 # 관념 부수기

독일에서의 마지막 날, 독일 여행 내내 나를 챙겨주고 함께 영상도 찍어준 친구 패트리샤에게 좋은 음식을 대접하고 싶었다. 마침 패트리샤가 대학 졸업 후 시간이 있는 상태였고 그 덕에 나는 그녀의 친구들과도 자주 어울리며 잠시나마 독일의 로컬 생활에 녹아들 수 있었다.

패트리샤와 함께 스테이크와 파스타로 저녁을 먹은 후 붉은 노을이 깔린 아름다운 하늘을 바라보며 아이스크림을 먹었다.

우리는 만나면 여러 주제에 대해 이야기를 나누곤 했는데, 주로 한국과 독일의 문화 차에 대한 것이었다.

예전에 뒤셀도르프로 놀러 가던 기차 안에서 결혼 회사의 등급제에 대한 대화를 나눈 적이 있었다. 한국에 많은 결혼 회사에 대해 패트리샤는 부정적인 의견을 말했었다. 좋은 신랑, 신부 등급제를 비롯해 조건을 보고 결혼하는 일부 세태를 비판했다.

더 자세한 생각을 듣고 싶어서 다시 의견을 물어봤다.

"내가 누구와 사랑에 빠진다는 건 내가 결정할 수 있는 게 아니잖아. 조건에 맞춰서 사랑에 빠지는 일은 일어나지 않아."

그 말이 듣기엔 참 좋았다. 내가 나중에 사랑하게 될 사람도 이렇게 생각하면 좋을 것 같았다.

하지만 현실적으로 들리지는 않았다.

"음… 아주 이상적인 말인데, 결혼은 장기적인 거야. 사랑이 전부가 아니라고. 결국 경제력도 어느 정도 갖춘 사람을 만나야 행복할 수 있지 않을까? 살다 보면 병에 걸릴 수도 있고 예기치 못한 위기가 닥칠 수도 있는데 돈이 없다면 힘들어지잖아. 그런 일이 반복되면 생활에 지쳐서 사랑도 식을 수 있어."

"나도 일을 할 테고, 상대도 직업이 있을 테니 그거면 충분해. 왜 돈 때문에 사랑을 버려야 해? 난 행복하기만 하면 되는데. 난 그렇게 많은 돈이 필요하지 않아. 함께 있을 때 행복한 사람이면 충분해. 나를 정말 행복하게 해주는 남자라면 나도 그를 정말 사랑할 테고, 그럼 함께 살 정도의 돈만 있으면 되는 거야."

음… 이건 나와 패트리샤의 가치관 차이도 있겠지만 넓게 보면 국가의 시스템과도 연결되는 것 같았다. 독일은 사회보장제도가 잘되어 있는 복지국가로 세계에서 처음으로 국민건강보험을 도입한 나라이기도 하다.

독일은 병원비가 순수입의 2퍼센트를 넘어갈 수 없게 되어 있다. 집 문제도 그렇다. 독일에서는 집 임대료가 제한되어 있고, 매년 임대료를 올릴 수 있는 비율이 정해져 있다. 또 나갈 의사가 없는 사람을 강제로 내보낼 수도 없다. OECD 자료에 따르면 우리나라의 노인빈곤율은 45.7퍼센트로 OECD국가 가운데 가장 높은 데 비해 독일은 10퍼센트정도밖에 되지 않았다.

최소한의 인간다운 삶을 누릴 수 있도록 보장해주는 국가 시스템 덕분에 무엇보다 사랑과 행복을 삶의 최우선 가치로 여길 수 있는 게 아닐까.

우리는 계속 이야기를 이어나갔다.

"내가 결혼을 결심했다는 건 그 남자와 몇 년 정도 동거한 후 내린 결정일 거야. 이미 그와 내가 얼마나 잘 맞는지, 빨래를 잘 하는지, 설거지를 잘하는지 파악이 된 거지."

스무 살이 되면 독일 사람들은 부모로부터 독립해서 따로 집을 얻어 산다. 하지만 높은 월세로 인해 많은 젊은이들이 애인과 동거하는 문화가 발달했다. 반면 우리나라에선 아직도 연인 사이의 동거가 그리 보편적이진 않다.

하지만 그것과는 별개로 나는 그녀의 말에 동의했다. 연인으로서 자주 데이트를 하는 것과 함께 살아보는 것은 아주 다른 거니까. 특히 그녀는 상대가 빨래나 설거지를 잘하는 걸 중요하게 생각한다고 말했는데, 돈벌이도 집안일도 부부가 함께하는 게 당연하기 때문이다.

사실 나는 아버지가 제1금융권 은행에서 차장으로 근무하며 괜찮은 월급을 받았지만 감당하지 못할 보증을 여기저기 서는 바람에 엄마가 30대 후반부터 일을 해야 했다. 그 후로 아버지의 월급은 대부분 빚을 갚는 데 쓰였기 때문에 엄마가 옷 장사를 해서 누나와 나를 키웠다고 해도 과언이 아니다.

엄마가 동대문 시장을 오가며 무거운 짐을 옮기거나 무례한 손님의 비위를 맞추는 모습들을 지켜보면서 남자가 경제적으로 무능하면 여자가 고생한다는 생각의 뿌리를 깊이 내렸던 것 같다. 그래서 난 절대로 장래 내 아내에게 경제적 책임을 짊어지우지 않겠다고, 한 가정을 책임질 수 있는 경제력이 강한 사람이 되겠다고 다짐했다.

하지만 한편으로는 나도 경제적 조건과 무관한 순수한 사랑만을 동경한다.

지금 내가 소유하고 있는 물질적인 것들은 언제 어떻게 될지 아무도 모른다. 반면 사람의 잠재력, 능력 그리고 인성은 변하지 않는다. 인생을 길게 본다면 배우자를 판단할 때 무엇을 기준으로 삼아야 하는지 분명히 알 수 있다.

우리와 전혀 다른 역사를 가진 나라에서, 다른 환경에서 자란 친구와 대화하는 것만으로 내 생각을 돌아보고 고민하며 관점을 넓힐 수 있었다.

어느 쪽이 옳다고 믿고 싶진 않다.

그저 다른 것일 뿐이다.

하지만 그 친구의 생각은 닮고 싶었다. 우리나라에서도 이제 성별에 따른 역할 분담의 경계가 많이 사라졌지만 이런 가치관이 더욱 보편화되기를 바란다. 나부터 아직 남아 있는 생각의 경계가 있는 것은 아닌지 경계해야겠다.

기회가 없다면 영어를 공부하자

실력보다 중요한 것 # 누구든 하면 된다

법인사업을 그만둔 후 세계여행을 해야겠다고 계획할 즈음 EBSe 채널에서 출연 제의가 왔다. 담당 PD는 유튜브에서 내가 외국인들과 영어로 인터뷰하는 모습을 보고 캐스팅을 했다고 말했다. 단순 이슈가 아닌 문화 차이에 집중하면서 외국인들과 소통하는 방식의 영상을 신선하게 봐주신 것 같았다.

지금은 더욱 유명해진 미국인 유튜버 올리버쌤과 함께하는 방송이었는데 나로서는 정말 소중하고도 감사한 기회였다. 그렇지 않아도 세계여행을 앞두고 턱없이 부족한 통장 잔고 때문에 고민이었는데 마침 요긴한 용돈벌이가 될 것 같았다. 그뿐만 아니라 공영 방송에 출연하는 건 쉽게 할 수 있는 경험이 아니기도 했다.

내가 영어를 못했더라면 절대 불가능했을 일이었다. 영어로 자유롭게 소통할 수 있는 덕분에 그 후로 국내 영어 교육업체 '야나두'와 콘텐츠 계약을 맺고 유료 강의 영상에 출연하기도 했다. 영어 하나로 생각지 못한 여러 기회를 얻은 셈이다.

세계는 점점 국경 없는 놀이터가 되어가고 있다. 한편 또 다른 관점에서는 총성 없는 전쟁터라고도 말할 수 있겠다. 한국은 GDP 10위권에 위치할 만큼 경제력이 높은 국가지만 아무래도 작은 나라이고 인구도 많지 않다 보니 한계가 있다. 게다가 출산율이 줄어들고 있으니 내수 시장에만 의존하기가 점점 힘들어질 것이다.

전자 상거래가 확대되면서 앞으로 더욱 모바일과 스마트폰을 이용한 구매가 용이해질 테니, 국경의 제한을 덜 받을 것이다. 경쟁은 전 세계로 확대되고 있으며 그만큼 기회 또한 세계로 확대되어간다.

이런 세상에서 세계 공용어인 영어는 이제 필수가 되었다. 한국에서만 치열하게 경쟁하며 돈을 벌려고 애쓰기보다 눈을 전 세계로 돌리면 더 많은 기회를 얻을 수 있다. “한국에서 사는데 영어 좀 못하면 어때서!”라고 말할지 모르겠지만 세상이 그렇게 넓다는데 궁금하지 않은가. 얼마나 많은 기회들이 있을지, 내가 뭘 어디까지 할 수 있을지.

내가 유럽 국가들과 미국을 여행하며 느낀 건 우리나라 사람들이 정말 고급 인력이라는 것이다. 우리나라 사람들은 똑똑하고 근면 성실하다. 영국 런던에 갔을 때 레스토랑이나 커피숍에 가면 한국인 아르바이트생을 정말 많이 볼 수 있었는데, 이야기를 들어보니 현지에서 한국인 학생들이 일 잘하기로 소문이 났다고 한다.

우리나라에는 좁은 땅에 훌륭한 인재들이 너무 많아서 오히려 경쟁이 치열하고 살기가 힘든 게 아닌가 하는 생각이 들었다. 그러니 세계로 나가면 한국에서보다 더 좋은 기회를 만날 수 있지 않을까?

그러려면 기본적으로 영어 공부를 꼭 했으면 좋겠다. 그래도 우리는 시대를 잘 타고난 것 같다. 과거에는 영어 영상을 찾아보기 쉽지 않았지만, 요즘은 유튜브를 통해서 더욱 손쉽게 다양한 영어 콘텐츠를 만날 수 있고 질 좋은 회화 강의를 무료로 들을 수도 있으니까. 그렇게 기초를 쌓은 후에는 방에서 편하게 원어민들과 화상 전화로 영어 대화를 해볼 수 있는 수업도 많다. 영어 공부를 할 방법과 기회는 얼마든지 넘치는 시대를 살고 있는 것이다.

여기에 덧붙여 한 가지 꼭 기억해야 할 사실은 어떤 언어든 언어를 배우는 건 문화를 배우는 것이라는 점이다. 나는 외국인 친구들에게 영어만 배운 게 아니었다. 다른 문화권에서 온 그들을 통해 우리와는 전혀 다른 사고방식을 접하면서 좀 더 넓은 시각으로 세상을 바라볼 수 있었다.

그들의 문화를 이해하자 언어 실력도 더 빨리 늘었고, 그 과정에서 내 의식도 덩달아 성장했던 것 같다. 이처럼 발음이나 어휘력보다 중요한 건 열린 자세라고 생각한다. 이렇게 하면 영어를 배우면서 세계인으로서의 태도도 함께 기를 수 있다.

영어를 학문으로 깊이 공부하는 사람이 아니고서야 일상적인 회화 능력이나 뉴스를 읽을 수 있는 정도의 독해 실력만 갖추면 되는 거다. 그 정도라면 생각만큼 그리 어렵지도 그리 긴 시간이 필요하지도 않다. 영어는 단 한마디도 못했던 나도 이렇게 할 수 있었으니까 누구든 할 수 있다.

거창하게 영어 공부를 하겠다고 작심하며 스트레스를 받기보다는 우선 영어와 관련된 즐거운 일을 찾아보면 어떨까?

'영어 같은 거 못해도 잘만 살아'라는 오만한 태도도, '나는 영어 공부해도 안 돼'라는 패배적인 생각도 버리고, 내 삶의 기회를 넓힌다는 생각으로 즐겁게 도전해보자.

작은 것부터 하나씩, 오늘부터 시작하면 된다.

물이 되어라. - 이소룡

Be water.

이소룡 자서전에서 본 구절인데 나무 글자로 방에 붙여놓을 만큼 좋아하는 문장이다. 세상을 살아가는 데 있어 가장 기본으로 삼는 가치관이기도 하다.

물을 컵에 담으면 컵이 되고 병에 담으면 병이 되듯, 물이 되면 어디서든 흐를 수 있고 무엇이든 부술 수 있다.

마음을 비우자, 형태 없는 물처럼.

어떠한 변화에도 대응할 수 있으려면 유연한 자세를 가져야 한다. 결국에는 가장 유연한 것이 가장 강하다.

물 같은 강인함을 갖추면 타인에게 내 인생을 의지하지 않게 되고 어떠한 고난이 와도 대처할 수 있게 된다.
물처럼 유연하지만 강하게 흘러가고 싶다.

Chapter 6

처음 뵙겠습니다

인생을 풍요롭게 만드는 인간관계 다지기

GO

먼저 다가가면 인생이 풍성해진다

거절당해도 괜찮아 # 좋은 관계란

내 영상 댓글을 보면 어떻게 그렇게 스스럼없이 사람들한테 다가가느냐고 묻는 분들이 많다. 그도 그럴 것이 나는 난생처음 간 나라에서 처음 만난 사람에게도 쉽게 말을 건다. 타고난 '인싸'라고 생각하는 사람도 있는 것 같은데, 사실 그렇지 않다.

나도 어렸을 때는 지금처럼 사람들에게 먼저 다가가고 쉽게 대화하지는 못했다. '먼저 말을 걸었는데 저 사람이 안 받아주면 어떡하지?' 하는 두려움이 있었기 때문이다. 더 나아가서 말을 걸었다가 창피당하는 내 모습을 상상하기까지 했다. 해보지도 않고 최악의 상황을 떠올리며 걱정했다. 아마 많은 사람이 과거의 나와 비슷할 것이다. 거절당하는 게 두려워서 시도조차 하지 않게 되는 것 말이다.

그런 나의 생각이 조금씩 바뀌게 된 계기가 몇 번 있었다. 고등학생이 되었을 때다. 한 친구가 나를 포함해 같은 반 친구들에게 먼저 일일이 인사를 하고 말을 건네는 것이었다. 그 모습이 어쩐지 멋져 보였다. 그리고 먼저 말을 걸어주니 편하면서도 그 친구에게 호감이 갔다.

'아, 내가 먼저 다가가면 사람들이 싫어하기는커녕 더 좋아하겠구나. 나에게 호감을 가질 수도 있겠구나.'

두 번째는 군대 제대 후의 일이다. 훈련소 동기들을 만나서 지하철을 타고 강남역에 도착했는데 갑자기 어떤 여성분이 나에게 말을 걸었다. 내 인생에 처음 있는 일이어서 어안이 벙벙했는데, 친해지고 싶다며 전화번호를 알려달라고 했다. 기분이 좋았다. 누군가 나에게 호감을 보였다는 사실 하나로.

이런 일을 경험하면서 조금씩 알게 된 것 같다. 누군가에게 호감이 있다면 먼저 다가가는 게 나쁜 것도 아니고 손해 보는 일도 아니라는 걸. 거절을 당할지언정 상대방은 오히려 기분 좋은 하루가 될 수도 있다는 걸. 나만 스스로를 비하하면서 괴로워하지 않는다면 손해 보는 사람은 아무도 없다는 사실을 말이다.

그때 나에게 다가와준 두 사람에게 지금도 감사하다. 그들 덕분에 나도 다른 사람들에게 먼저 다가갈 용기를 내게 되었고 그런 일이 잦아지자 친구도 많아졌다.

자신에게 호감을 가지고 정중하게 다가와주는 것을 마다할 사람은 별로 없다. 용기가 없어서 내가 먼저 다가가진 못해도 누군가 나에게 다가와주길 바라는 게 사람이다. 그렇게 다가가는 쪽이 내가 되어보는 거다.

이렇게 태도를 바꾼 덕에 사람들에게 더욱 스스럼없이 다가갈 수 있었고, 그것은 유튜브를 시작할 때 좋은 무기가 되었다. 처음 카메라를 무작정 들고 외국인이 많은 신촌으로 갔을 때도 별로 두렵지 않았다.

인터뷰는 어차피 말하고 싶은 사람이 해야 더욱 좋은 콘텐츠가 나올 테니 억지로 부탁하거나 강요하면 되레 나쁜 결과를 초래할 수 있다. 그래서 '거절은 좋은 콘텐츠를 위한 당연한 과정'이라는 태도로 길거리에서 외국인들에게 인터뷰를 요청했다.

참 많이 거절당했지만 나는 이미 거절에 단련되어 있었다. 덕분에 좋은 콘텐츠를 많이 만들어낼 수 있었고 유튜브 채널도 성공적으로 끌어갈 수 있었다.

사람을 대할 때는 작은 용기와 긍정적인 태도, 그리고 진심만 있으면 된다. 외국인들에게 말을 걸 때도 나는 인터뷰의 목적을 이루겠다는 태도가 아니라 진심으로 그들의 이야기를 듣고 싶다는 마음을 전했다. 여러 이야기를 하다 보니 관심사가 비슷한 친구들이 꽤 있었고, 마음이 통하는 친구들과는 따로 시간을 내서 식사를 함께하기도 했다.

그렇게 가까워진 친구들로부터 외국에서 나같이 좋은 사람을 만나서 행복하다는 말을 들을 때면 나도 정말 기분이 좋았다. 이렇게 인터뷰에 그치지 않고 친구가 된 경우도 여럿 있었다. 나중에 영어 스터디 사업을 할 때 그 친구들을 선생님으로 고용하면서 우리는 더 길고 깊은 인연을 이어갔다.

그저 지금 당장 내 목적을 채우기 위해 그들을 이용하기만 했다면 이렇게 인연이 이어지진 못했을 것이다. 용기를 내서 다가가고 진심을 전한 덕분에 많은 사람과 좋은 관계를 지속할 수 있었고, 그 관계는 나에게도 그들에게도 이득이 되었다. 나는 그들 덕분에 사업을 성공적으로 이끌 수 있었고, 그들 또한 유학을 하면서 돈을 벌 수 있는 좋은 기회가 되었으니 말이다.

그뿐 아니다. 사업을 접고 세계여행을 떠났을 때 그 친구들의 도움을 참 많이 받았다. 고국으로 돌아간 친구들은 내가 그들의 나라를 여행할 때 자신의 집에 와서 편하게 머무를 수 있게 해줬고, 아직 한국에 남아 있던 친구들은 고국의 친구들에게 연락해 나를 가이드 해달라고 부탁해주기도 했다. 그렇게 친구의 친구들과 함께 찍은 영상들도 좋은 반응을 얻었다.

내가 먼저 다가가는 작은 행동이 이처럼 내 인생을 더욱 더 풍성하게 만들어주었다. 무엇보다 서로에게 필요하고 좋은 사람이 된 게 가장 보람 있고 행복하다.

자, 이제 다시 생각해보자. 누군가가 다가오기를 기다리기만 하는 쪽, 내가 먼저 다가가는 쪽, 어느 쪽이 되고 싶은가.

우연을 인연으로 만드는 대화의 기술

서로 의견이 다를 때 # 3인칭 화법

먼저 다가가고 싶은 마음은 굴뚝같은데 막상 어떤 말로 어떻게 다가가야 할지 모르겠는 사람도 많을 것이다. 그런데 말이나 행동에 앞서 많은 사람이 첫인상으로 상대방을 판단해버리는 경우가 많다. 그렇기 때문에 속마음만큼이나 겉모습에도 신경을 써야 하는 게 요즘 사회다.

잘생기거나 예뻐야 한다는 게 아니라 최소한 불쾌감을 주지 않을 정도로 깔끔하게 단장하는 것이 좋다는 뜻이다. 좋은 향을 풍길 수 있으면 더욱 호감을 줄 수 있다. 무엇보다 중요한 건 미소다. 웃는 얼굴에 침 못 뱉는다는 말처럼 미소를 띤 사람에게는 누구나 편안한 느낌을 받는다. 그게 호감으로 이어지고 좋은 첫인상을 줄 수 있다.

그다음에는 상대방에게 관심과 호감을 보여야 한다. 처음 본 사람이라도 밝게 웃으며 반갑게 인사하자. 그리고 사소한 칭찬을 하면 좋다. 그 사람에 대한 사전 정보가 있다면 더 좋은데, 예를 들어 상대방이 찍은 사진을 봤다면 그것에 대해 칭찬하거나, 같이 알고 지내는 지인이 있다면 좋은 이야기를 많이 들었다거나 하는 말을 건넬 수 있다.

그런 정보가 없다면 사실 외모를 칭찬하는 수밖에 없는데, 칭찬을 하더라도 과도하게 남의 외모를 평가하지 않도록 조심해야 한다. '인상이 좋으시네요, 옷이 예쁘네요' 정도라면 누구나 기분 좋게 받아들일 것이다.

특히 서구권을 여행하다 보면 처음 보는 가게 점원이나 옆 테이블 사람이 "그 옷 예쁘네요. 어디서 샀어요?"라며 말을 거는 경우가 종종 있었다. 혹은 "잘생겼어요." "머릿결이 좋네요." 같은 말을 들을 때도 기분이 참 좋았다. 반대로 내가 이런 칭찬을 했을 때도 다들 기분 좋아했다.

또한 사람은 기본적으로 내게 호감을 보이는 사람에게 호감을 느끼게 되니 무례하지 않은 선에서 관심을 보이는 질문들을 하

자. 무슨 일을 하는지, 평소에 취미가 뭔지…. 나에게 관심이 있고 호감을 보이는 사람에겐 상대적으로 편안함을 느끼고 마음을 열게 되는 것 같다. 나도 그러니까.

이렇게 대화를 하면서 공통의 관심사를 찾으면 좋다. 질문을 통해 그 사람의 관심사를 알아가고 관심을 보이자. 상대방의 관심사와 관련해서 내가 경험한 게 있다면 이야기한다. 같은 관심사나 경험을 가졌다면 더 쉽게 동질감을 느낄 수 있다.

하지만 민감한 주제는 피하는 게 좋다. 정치나 종교는 각자의 신념이 강한 주제이기 때문에 아주 친한 관계라고 해도 굳이 꺼내지 않는 게 좋다.

대화를 하다 보면 의견이 다를 때도 있는데 나의 경우 이럴 때 3인칭으로 말한다. 예를 들어 상대방이 "이러이러한 이유로 A가 맞아요"라고 말하면 "아니에요. B가 맞죠"라고 말하기보다는 "아, 그렇게 생각할 만하네요. 그런데 A가 아니라 이러이러한 이유로 B라고 말하는 사람들도 봤는데 거기에 대해서는 어떻게 생각하시나요?"라고 물어본다.

이렇게 3인칭으로 돌려 말하면 반대 의견이 나에 대한 악감정으로 돌아오지 않고 서로 얼굴을 붉힐 일이 없다. 그리고 이런 식의 화법을 사용하면 상대방은 좀 더 존중받고 있다고 느끼게 된다.

나도 대화를 하다가 실수를 한 적이 있다. 해외에 있을 때였다. 서양인 친구와 즐겁게 대화를 나누던 중 그 친구가 이런 이야기를 꺼냈다.

"한국의 젊은 사람들은 결혼하기 전까지 부모님 집에서 함께 살기 때문에 독립심이 부족하고, 그래서 강해지지 못하는 것 같아."

순간 나는 발끈했다. 한국의 젊은 사람들을 싸잡아 독립심이 부족하다고 일반화하니 화가 났다. '아니, 네가 뭘 얼마나 안다고?' 하는 생각이 든 것이다.

그래서 곧바로 쏘아붙였다.

"그러는 너네는 결혼을 하면 부모님과 시간도 자주 보내지 않고 용돈도 드리지 않잖아. 그럼 너네는 어른을 공경할 줄 모르고 존경하지 않는 거야?"

분위기는 조금 어색해졌다. 그리고 곧바로 후회가 되었다. 그냥 '그건 문화의 한 부분일 뿐이고 그게 독립심이나 강한 내면과 연관이 있는지는 잘 모르겠다' 정도로만 말했으면 좋았을 텐데… 그러면 그 친구도 이해했을 텐데…. 괜히 그 친구의 문화를 공격해서 마음만 상하게 된 것이다.

더 이상 대화가 이어지기는커녕 잘못했다간 말다툼으로 번질 수도 있었다. 그럼 서로의 문화 차이를 이해할 기회는 영영 사라져버리고 말았을 것이다.

사실 그 친구는 그저 어디서 들은 대로 악의 없이 말한 것이었다. 다행히 서로 사과하고 나서야 다시 좋은 시간을 보낼 수 있었다.

기분이 나쁘더라도 한 번 더 상대방의 입장에서 생각해보는 연습. 이것도 습관이고 노력이 필요한 것 같다. 이건 상대방을 위해서라기보다는 나를 위해서 해야 한다. 좋은 대화를 나누고 좋은 관계를 가지면 내가 기분 좋은 거니까. 서로 모르던 부분에 대한 무지나 오해에서 비롯된 말은 차분히 설명해주면 된다.

잘못했을 때는 바로 사과하는 것도 중요하다. 간혹 상대방이 나를 싫어하는 것 같은 느낌을 받을 때가 있다. 그럴 때는 내가 싫어할 만한 행동을 했는지 먼저 돌아보고 그랬다면 즉시 사과한다.

그게 아니라면 그날 상대방이 기분 나쁜 일이 있었나 보다 하고 넘긴다. 나도 기분이 안 좋을 땐 다른 사람에게 본의 아니게 티를 낼 때도 있으니까. 그럴 때는 너무 깊이 생각하기보다는 그대로 내버려두는 게 좋다. 그러면 나도 별 감정의 기복을 느끼지 않고, 상대방도 기분이 풀리면 원래대로 돌아온다.

만약 어떤 이유에서든 정말 내가 싫어진 거라면 그것 또한 어쩔 수 없는 거다. 내가 다른 사람의 감정을 통제할 수는 없는 일이니 그 사람의 감정은 그 사람의 몫으로 남겨둔다. 그것 때문에 고민할 시간에 나를 좋아해주는 사람에게 더 잘하는 게 낫지 않을까?

마지막으로 덧붙이자면, 요즘은 SNS로 많은 인간관계가 이뤄진다. 그런데 대부분의 사용자들이 SNS에서는 실제 본인보다 더 과장된 모습을 연출하려고 한다. 더 부유한 모습, 더 행복한 모습 등등.

하지만 SNS 상의 관계에서 실제로도 좋은 관계로 발전하려면 SNS에서 나를 있는 그대로 드러내는 게 좋다. 내가 가진 시각, 믿음, 관심사 등을 솔직하게 드러내면 분명 그것에 공감하는 사람들이 모여들게 되어 있다. 그런 관심일 때에야 질 좋은 관계가 장기적으로 지속될 수 있다.

다른 사람을 설득하는 두 가지 요소

이득을 주거나 # 마음을 움직이거나

나는 인생의 9할은 설득이라고 생각한다. 인간은 무수히 많은 상호작용으로 살아가고, 어떤 일을 하든 사람을 설득하는 과정이 필요하다. 하다못해 어릴 때 부모님께 장난감을 사달라고 할 때도, 친구에게 다른 게임을 하자고 할 때도, 설사 의식하지 못하는 사이에도 우리는 일상적으로 누군가를 설득한다.

아직 짧은 인생이지만 나도 이런저런 일을 벌이다 보니 많은 사람을 설득해야 했다. 특히 장사나 사업을 할 때는 고객이나 동료, 거래처 등을 설득할 일이 정말 많다. 설득하는 데 성공할 때도 있고 실패할 때도 있었는데, 그렇게 반복하다 보니 설득에 성공하는 법을 조금이나마 깨우치게 되었다.

다른 사람을 설득하기 위해서는 두 가지가 필요하다.

첫째, 상대방에게 이득을 주거나

둘째, 상대방의 마음을 움직이는 것이다.

가장 좋은 것은 역시 상대방에게 이득을 주는 것이다. 누구나 자신에게 이득이 된다고 생각하면 쉽게 설득당한다. 즉 실패에 대한 부담보다 성공에 대한 확신이 높을 때 사람들은 나에게 설득당하는 것이다.

예를 들어 내 물건을 사도록 고객을 어떻게 설득할 수 있을까? 같은 물건인데 다른 곳보다 가격이 저렴하다는 확신을 주면 된다.

중학교 1학년 때 액세서리를 팔았을 때가 그랬다. 도매 가격으로 가져와 시중 상점보다 싸게 팔았으니 설득할 것도 없었다. 액세서리를 잘 알고 있는 여중생, 여고생이라는 타게팅만 잘 했을 뿐이고 그들은 이미 이것이 저렴하다는 걸 알고 있었으니까.

여기서 이득이란 꼭 돈만 의미하진 않는다. 내가 영어 스터디 사업을 했을 때를 생각해보자. 그때 수업을 듣겠다고 온 고객들은 더 저렴해서 온 것이 아니었다. 한국어와 영어를 다 잘하는 원어민에게 배우고 싶은데 그런 곳이 별로 없는 상황에서 내가 그런 서비스를 제공한 것이다.

이처럼 다른 가치를 제공하는 것도 상대방이 자신에게 이익이 된다고 생각하면 설득이 가능하다.

이때 필요한 건 상대방의 니즈를 파악하는 것이다. 상대가 무엇을 원하는지 가려운 곳을 찾아서 긁어줄 수 있다면 설득하기가 더 쉬워진다. 사람들이 영어와 한국어를 다 하는 선생님한테 영어를 배우고 싶어 한다는 니즈를 파악한 것처럼 말이다. 그런 선생님한테 배우면 더 효과적이라고 다들 생각하니까.

반대의 경우에는 실패한다. 앞서 말했듯 세계여행 계획을 짜던 중 돈이 없어서 수많은 방송사에 찾아가서 투자를 요청했었다. 직접 찾아가 프레젠테이션을 하며 설득했다. 내가 페이스북 채널에 여행 영상들을 공급할 테니 영상 제작 자금을 투자해달라고. 내가 요청한 건 50편 계약에 편당 10만 원도 안 되는 제작지원금이었지만 전부 거절당했다.

지금 생각해보면 그들이 얻을 수 있는 이익도 분명 있었지만, 투자를 해서 그들이 가져가는 이익보다 내가 가져가는 이익이 월등히 컸던 것이다.

나는 모든 설득이 윈-윈에 기반한다고 생각한다. 현란한 말솜씨로 순간적인 사람의 감정을 이용해 설득에 성공할 수도 있겠지만 그건 장기적인 전략이 될 수 없다. 내가 가져가는 것만큼 상대에게 이득을 줄 수 있는, 거절하지 못하는 제안을 하는 것이 가장 성공할 확률이 높다고 생각한다.

그런데 내 처지가 곤궁해서 상대방에게 지금은 도저히 이득을 줄 수 없는 경우도 있을 것이다. 그럴 때 두 번째로 사용할 수 있는 방법이 상대방의 마음을 움직이는 것이다.

대학생 때 정말 만나고 싶었던 스타트업 대표님이 있었다. 20대들에게는 그가 그야말로 스타트업계의 유재석 같은 존재였던 터라 꼭 한번 만나서 조언을 구하고 싶었다. 그래서 이메일을 보냈는데, 수신 확인란에는 읽었다고 표시되어 있는데도 며칠간 답장이 없었다.

그러나 나는 포기하지 않았다. 그 대표님 회사가 판매하는 물건을 카테고리별로 하나씩 몽땅 샀다. 그런 다음 내가 실제로 그 제품들을 이용하는 모습을 사진으로 찍어서 다시 한 번 메일을 보냈다.

"정말 대한민국 최고의 제품입니다. 이 제품들로 인해서 제 생활이 훨씬 더 윤택해졌습니다. 더욱 더 이 제품들을 널리널리 알

리겠습니다. 사랑합니다."

그랬더니 며칠 뒤에 그 대표님에게서 연락이 왔다! 그뿐 아니라 약속을 잡아서 만나기까지 했다. 그의 말을 들어보니, 너무 많은 연락이 와서 시간상 다 회신을 하거나 만나지 못한다고 했다. 그런데 나처럼 열성적인 메일을 보낸 사람은 없었고, 그래서 마음이 움직였다고.

대표님에게 나는 줄 수 있는 이득이 아무것도 없었다. 그래서 최선을 다해 마음을 전했을 뿐인데 놀랍게도 그 마음이 통했다. 때로는 이득보다 진심이 강할 수도 있다는 걸 그때 느꼈다.

그러니 이득을 줄 수 없을 때는 진심을 보여라. 진부하게 들릴지 몰라도 가장 좋은 설득 전략이다.

불완전한 우리, 타인으로 채운다

도움을 나눈다는 것 # 가만히, 함께

사람은 필연적으로 불완전하고, 그렇기 때문에 서로 도움을 주고받으며 살아가야 하는 존재다. 나도 지금껏 다른 사람들에게서 많은 도움을 받았지만 정말 기분이 좋을 때는 내가 도움을 줬을 때다. 내가 누군가를 돕고 일이 잘 해결되었을 때 스스로 가치 있는 사람이 된 것 같아서 뿌듯하다.

그렇다고 뭐 대단한 도움을 주는 건 아니다. 세계여행을 하며 현지 친구들에게 한국 음식을 요리해 대접했을 때, 길을 몰라 허둥대는 외국인을 한국에서 도와줬을 때도 소소한 행복을 느꼈다.

말레이시아에서는 국제 결혼을 한 대학교 동창의 집에 머물렀는데 유튜브를 하고 싶다고 하기에 콘셉트를 함께 고민하기도 하고 필요한 장비를 사주기도 했다.

얼마 뒤 그들은 국제부부 유튜브를 시작했고 지금은 꽤 많이 성장했다. 이제 그들의 인생에서 유튜브가 꽤나 높은 비중을 차지하는데, 내가 그들의 인생을 조금이나마 더 풍요롭게 만들었다는 사실이 기쁘다.

누군가의 인생에 좋은 영향을 미친다는 것은 참 기분 좋은 일이다. 그래서 지인들이 나에게 상담을 요청해 오면 최선을 다해 함께 고민하는 편이다.

그런데 잘 알지도 못하는 사람이 너무나 당당하게 조언이나 도움을 '요구'하는 경우도 있어 당황스러울 때가 많다. 내가 유튜브를 하고 있으니 도와달라는 요청도 많고 무턱대고 노하우를 알려달라고 조르기도 한다.

"에이, 그거 겨우 말해주는 게 뭐 별거라고…."

그러면서 두서없이 질문만 한다. 아직 친밀한 인간관계가 정립되기도 전인데 말이다.

많은 사람이 무형의 지식이나 노하우, 상담 등은 너무 쉽게 생각하는 경향이 있는 것 같다. 그것 또한 귀중한 시간을 쏟고 시행착오를 거쳐 얻은 자산인데, 좀 나누어달라고 부탁이 아니라 요구를 하는 것처럼 느껴질 땐 씁쓸하기도 하다.

그래서 나는 아무리 대단한 사람을 만나도 인간적으로 충분히 친해지기 전에는 일적으로 조언을 구하지 않고 도움을 요청하지도 않는다. 어떤 목적을 두기보다는 그저 성실하게 사람들을 대하다 보면 친구가 되고, 그러다 보면 생각하지 못한 도움을 받을 때가 있다. 내가 가지지 못한 통찰력이나 조언을 받는다면 그 가치는 돈으로 환산할 수 없다고 생각한다.

나의 불완전함은 이처럼 타인을 통해 메워진다.

그렇다고 해서 어떤 사람이든 다 잘 지내야 한다고 생각하지는 않는다.

나는 정신적으로 건강한 사람들을 곁에 두고 싶다. 주변 사람들이 어떤 사람들이냐에 따라 인생의 질이 달라진다. 항상 불평하고 화나 있는 사람들과 대화하면 내 기분도 불쾌해지고 그건 곧 내 하루를 결정한다. 그 하루하루는 모여서 인생이 되며 내 성공 또한 좌우할 것이다.

그래서 나는 항상 긍정적이고 열심히 일하며 살아가는 사람들과 함께하고 싶다. 지금도 그런 관계에서 행복을 느끼며, 나도 그들에게 도움이 되고 싶어서 좋은 사람이 되려고 노력한다. 도움이 못 된다면 안식처라도 되고 싶다.

2017년 어느 날 친구 어머니에게서 메시지가 왔다. 친구가 학원을 마치고 집에 가다가 교통사고가 나서 병원에 입원했다는 것이었다. 택시 두 대가 도로에서 크게 부딪쳤고 그중 한 대가 인도까지 날아와서 멀쩡히 제 길 가던 친구를 받아버린 것이다.

처음 병실 문을 열었을 때는 무슨 말을 해야 할지 몰랐다. 친구는 다리를 전혀 움직이지 못했고 용변을 어머니가 받아내야 할 만큼 몸을 가누지 못하는 상태였다. 전날 밤엔 의사가 다리를 절단해야 할 수도 있다는 말을 했단다.

친구는 그냥 담담하다고 말했다. 나는 어떻게 행동해야 좋을지 혼란스러웠다. 사실 친구가 느끼는 고통은 내가 절대 알 수 없기에 어쭙잖게 위로하기도 조심스러웠다. 택시기사 욕을 하자니 그날의 기억을 불러일으킬 것 같아서 못 하겠고.

잠시 나가서 친구가 좋아하는 초밥과 우동 세트를 사왔다. 그러곤 친구와 같이 먹으며 이런저런 얘기를 했다. 그냥 내가 학교 다니는 얘기, 유튜브하며 만났던 외국인들과의 일화 등 그 친구와 평소 편의점 앞에서 노상 맥주를 마시며 하던 이야기들이었다.

한참 대화를 나눈 뒤 병실을 나가며 조심스레 말했다.

"다 괜찮아질 거다. 1년, 2년 뒤에 보면 그냥 스쳐가는 기억으로 남아 있을 거야. 다음 주에 또 올게."

이게 내가 할 수 있는 최선의 말이었다. 내가 힘들 때 그 친구도 이렇게 말해줬었고 그 말에 나도 큰 위로를 받았던 기억이 있었기 때문이다.

군대에서 갓 일병을 달았을 때 3년 넘게 사귀던 여자 친구에게 이별 통보를 받았었다. 내 인생 처음으로 겪는 이별이었고 군인이라 나갈 수도 없으니 너무 괴로웠다.

설상가상으로 군대 내에서 간부들과 함께 하던 축구대회에서 다리가 부러져서 입원까지 하게 되었다. 그런데 마침 그때 우리 부대가 잠시 다른 지역으로 옮겨야 했는데 나를 신경 쓸 정신이 없었던지 '공상' 판정을 내고 경찰병원이 아닌 집으로 두 달간 휴가를 보내주었다.

발이 묶인 채 집에서 혼자 몸과 마음의 고통을 감당하기엔 너무나 괴로운 나날이었다.

그때 이 친구가 매일 우리 집 앞에 와서 나와 함께 맥주를 마셔줬다. 별 얘기도 안 했다. 소개팅 한 얘기, 동아리에서 있었던 일 같은 그날의 사소한 일화가 전부였다.

그런데 그저 함께 있다는 사실만으로도 큰 위로가 되고 고통이 분담된다는 걸 그때 깨달았다. 사람은 힘들 때 더 외로워지기 마련이니까.

그 친구에게도 그런 안식처가 되고 싶었다. 다행히 친구는 주변의 좋은 사람들로 인해 마음의 안정을 찾아갔다.

사람은 좋았다 나빴다 하는 시기를 반복한다. 좋을 때는 정말 많은 사람들이 내 곁에 있다. 친구가 좋을 때는 나도 물론 좋다. 축하해주고 박수쳐주지만 그땐 나 말고도 많은 사람들이 곁에 있기에 내 존재가 그렇게 꼭 필요하다고는 느끼지 않는다.

누군가의 옆에 꼭 있어야 할 때는 그가 힘든 시기일 때다. 그럴 땐 그냥 옆에 함께 있어준다. 다른 말은 필요 없다. 그저 친구가 옆에 있다는 안도감. 그것이 가장 큰 위로이고 힘든 시기를 헤쳐 나갈 원동력이다. 그리고 그 과정에서 나 또한 성숙해진다. 인간관계에서 일방적인 건 없는 법이다.

때론 싫은 소리도 필요하다

관계의 맺고 끊음 # 내 선택에 달렸다

나는 깊은 신뢰 관계를 만들기 위해서라면 얼굴 붉힐 일이라도 피하지 않아야 한다고 생각한다. 일을 같이 하다 보면 불협화음은 당연히 생기게 되는데, 싫은 소리를 못 해서 계속 묵히다가는 오히려 오해가 생기고 관계가 어긋난다.

대학생 때부터 두 번의 사업을 하면서 참 많은 일을 겪었다. 한 번은 영어 스터디 사업을 할 때인데, 어느 날 한 학생에게서 항의 전화를 받았다. 원어민 선생님이 수업 준비를 제대로 안 해오고 유튜브로 대충 두 시간을 때운다는 것이었다. 이 일을 어떻게 해결할까 고민한 끝에 나는 해당 선생님과 솔직히 터놓고 이야기 해보기로 했다.

"나는 너와 함께 일을 하게 돼서 얼마나 행복한지 몰라. 올해 내게 일어난 일 중 가장 아름다운 사건이야. 그런데 사실 학생으로부터 항의 전화를 받았어. 너의 수업 준비에 관한 항의였어. 사실 이건 내 잘못이기도 해. 너와 나는 같은 팀이잖아. 너는 어떻게 생각해?"

그 친구의 감정을 상하게 하고 싶지 않았고, 우리는 같은 편이라는 것을 알려서 그가 안정감을 느끼길 원했다. 껄끄러운 얘기였지만 쇠뿔도 단김에 빼랬다고, 이런 일일수록 빨리 처리하는 게 좋다.

"오, 맞아. 사실 요즘에 바빴고 몸도 좀 아팠어. 나도 느끼고 있었는데 외면하려고 했던 거 같아. 내 책임감에 대해서 사과할게. 그리고 그렇게 말해줘서 고마워."

다행히 그는 다음 수업부터 문제를 바로잡아줬고, 학생들의 만족 속에 더 많은 클래스를 담당하게 되었다. 우리 사이의 신뢰도 더욱 돈독해져 3년이 지난 지금까지도 좋은 친구로 지내고 있다.

상대에 대한 불만을 속으로 쌓아두었다가 어느 순간 터뜨리는 사람이 있다. 그러면 상대방은 어리둥절하다. 별일도 아닌 것 같은데, 크게 화를 내니 말이다. 그 사람 속에서 그동안 불만이 쌓여왔다는 것을 상대방이 알 리 만무하다. 성격에 따라 다르긴 하겠지만 하고 싶은 말을 묻어두면서 상대방이 알아줬으면 하고 바라는 경우도 있다.

하지만 말하지 않으면 상대가 알 길이 없지 않겠는가.

누군가와 관계를 이어나가는 데 중요한 문제라면 묵혀두지 말고 말하는 것이 좋다. 다만 최대한 상대방의 감정이 다치지 않도록 내 메시지를 전달하는 것이 중요하다.

예를 들어 매일같이 약속 시간에 늦는 친구가 있다고 해보자. 처음 몇 번은 참았지만 갈수록 시간이 더 늦어져서 이 친구와 만나는 일이 스트레스가 되었다면? 그런 점마저도 이해하고 계속 만날 수 있다면 상관없겠지만 그게 아니라면 말을 해야 한다.

어떻게 말하면 좋을까?

우선 '너와 만나는 게 즐겁고 계속 친구 관계를 이어가고 싶다'는 뜻부터 전해야 하지 않을까? 이런 이야기를 하는 게 상대방을 공격하기 위한 것이 아니라 좀 더 좋은 관계를 위한 것이라는 점을 밝히는 것이다.

그런 다음에는 '네가 자꾸 늦어서 내가 시간을 낭비하게 되고 스트레스가 되니 고치려고 노력해줬으면 좋겠다'는 뜻을 전한다. '늦을 것 같으면 내가 출발하기 전에 알려달라'라든가 '밖에서 만

나지 말고 내가 너희 집으로 가면 어떨까' 같은 대안을 제시해도 좋다.

상식이 있는 친구라면 이렇게까지 말했을 때 미안하다고 말하며 노력하는 모습이라도 보일 것이다. 그런데 만약 친구가 화를 낸다면? 이때가 바로 이 관계를 유지할지 고민해볼 때다.

다 덮어두고 피상적인 관계를 유지할 것인가, 아니면 속내를 이야기해서 더 깊은 관계로 이어갈 것인가, 이것은 나의 선택에 달렸다.

나를 일으키는 문장

타인의 관심을 끌려고 노력한 2년보다 타인에게 관심을 가진 2개월간 더 많은 친구를 사귈 수 있다. - 데일 카네기

You can make more friends in two months by becoming interested in other people than you can in two years by trying to get other people interested in you.

군대에서 100권 이상의 책을 읽은 뒤로 한 달에 적어도 2권은 꾸준히 읽고 있는데, 사회생활을 처음 시작하는 친구에게 한 권의 책을 추천하라면 주저 없이《데일 카네기 인간관계론》을 권하겠다.

위 문장은 이 책에서 가장 인상 깊었던 구절로 인간관계의 본질을 꿰뚫고 있다.

SNS가 보편화된 지금, 다들 자기 자신을 보여주는 데만 급급하다. 사람은 누구나 타인의 관심을 받고 싶어 하고 누군가 자신의 이야기를 들어주기를 바란다. 그러나 **한껏 꾸민 내 모습으로 사람들의 관심을 끌려고 노력하는 것보다 다른 사람에게 진심 어린 관심을 보일 때 더 풍요로운 인간관계를 맺을 수 있다**고 카네기는 말한다.

성공과 행복에 있어 인간관계는 아주 큰 영향을 미친다. 이 말을 명심한다면 어디에서 누구를 만나든 좋은 관계를 만들 수 있을 것이다.

에필로그

짐작조차 할 수 없는 내일을 기대하며

2019년 11월 말, 호주 여행을 마치고 돌아왔다. 2020년 1월 중순에는 여행지의 끝판왕이라는 인도로 떠났다.

방글라데시와 인도 여행을 하고 있을 즈음 코로나 바이러스가 전 세계로 퍼졌고, 중국에서는 길 가던 사람이 픽픽 쓰러질 만큼 위험한 상황이라는 뉴스까지 곳곳에서 터져 나왔다.

나중에 해당 영상이 코로나 바이러스와 무관한 사실이 밝혀지긴 했지만, 당시엔 그만큼 공포스러운 분위기가 온라인을 타고 빠르게 번져갔다.

상황이 더 심각해지기 전에 한국으로 돌아오긴 했는데, 바이러스는 진정되지 않고 팬데믹 현상으로 오히려 격상되고 있었다. 올해는 남미, 아프리카 등 가보지 않은 지역을 여행할 계획이었는데…. 계획이 꼬였을 뿐 아니라 올해는 해외여행 자체가 불가능하다는 현실을 받아들여야만 했다.

처음에는 답답했다.

2년여 동안 쉬지 않고 여행을 이어왔는데 집에만 있으려니 뭘 어떻게 해야 할지 몰랐다. 당장 유튜브 채널을 어떻게 꾸려가야 할지도 감이 잡히지 않았다. 막연한 불안감도 찾아왔다.

우선 좀 쉬기로 했다. 작년 한 해 동안 동아시아, 동남아시아, 미주, 오세아니아 여러 곳을 돌아다니며 몸이 많이 지쳐 있기도 했다.

사실 여행 채널로서의 지속성에 관해서는 이전부터 고민해오던 중이었다. 오랜 기간 여행을 하느라 평범한 일상을 유지하기가 힘들었고 가족, 친구, 가까운 사람들과의 관계를 꾸리는 데도 어려움이 따랐었다. 현실을 산다기보다 항상 붕 떠 있는 상태로 사는 것 같은 느낌도 들었다.

'이렇게 계속 할 수 있을까?'

'여행 영상을 언제까지 만들 수 있을까?'

바쁘게 살아가는 중에도 이런 고민이 틈틈이 끼어들었다.

그러다 코로나19 사태로 여행에 제동이 걸리면서 좀 더 차분하게 내 채널의 방향성을 생각해보게 되었다.

처음에는 국내에서 인터뷰 영상으로 시작했고, 그것을 여행 채널로 바꾼 것이었다.

하지만 내가 추구하는 본질은 바뀌지 않았다. 여행 영상도 우리와 전혀 다른 문화를 사람들에게 소개하고 그 문화권에서 살아온 사람들과 대화하며 이전에는 접하지 못했던 다양한 시각을 통해 관점을 넓히는 것이 주된 내용이었다.

장소는 달라졌지만 사람을 통해 다른 문화와 배경 등 '새로움'을 접하고 공유하고 싶은 내 취지는 그대로인 것이다.

그러니 어디에 있든 그 본질을 이어가면 되지 않을까?

예를 들어 우리나라에서 평소 친한 외국인 친구와 한국의 이슈에 대해 서로 다른 관점을 나누는 영상도 만들 계획이 있다. 그 외에도 주로 내가 새롭게 도전하는 일을 가감 없이 보여주고 싶다.

그동안은 사람들이 다른 문화에 대한 편견을 무너뜨리고 열린 마음을 가졌으면 하는 마음으로 영상을 만들었다면, 이제는 사람들이 성공에 대해 좀 더 넓은 시각, 새로운 관점을 가지는 데 도움이 되도록 나의 생생한 경험과 시행착오까지 공유하고 싶다. 더불어 저마다의 성공을 이뤄낸 사람들을 만나서 그들의 경험을 전하는 것도 가치 있을 것이라고 생각한다.

나는 세상이나 어른들이 말하는 것 외에도 성공할 수 있는 다른 방식이 존재한다는 걸 스스로 알아내고 싶고, 그걸 더 많은 사람들과 공유하고 싶다.

숨 막히는 현실에서도 작은 틈들을 비집고 보이지 않던 세상을 끌어내 보여주는 것, 그게 내 역할이고 거기에서 나는 보람을 느낀다. 그 자그마한 틈으로나마 우리 세대가 답답했던 숨통을 조금이라도 틸 수 있기를 희망한다.

그것은 나에게 필요한 일이기도 하다. 나 또한 불안하고 막막할 때가 많다. 지금도 그렇다. 하지만 지금껏 그래온 것처럼 나는 나를 믿고 내게 다가올 미래를 긍정하며 매일을 충실히 살아갈 것이다.

오히려 이 시기를 기회로 삼자고 결심한다.

원래 더 좋은 뭔가는 항상 불안함이라는 얼굴로 찾아오기 마련이니까. 지금껏 내 인생이 생각하지 못한 좋은 방향으로 흘러온 것처럼 멋진 미래가 기다리고 있을 게 분명하니까.

아직은 짐작조차 할 수 없는 나의 내일이 어떻게 펼쳐질지 콩닥콩닥 기대하지 않을 수 없다.

일단 시작하는 힘

초판 1쇄 인쇄 2020년 7월 22일
초판 1쇄 발행 2020년 7월 31일

지은이 윤희철
펴낸이 박지수

펴낸곳 비에이블
출판등록 2020년 4월 20일 제 2020-000042호
주소 서울시 성동구 연무장11길 10 우리큐브 283A호(성수동2가)
이메일 b.able.publishers@gmail.com

값 14,800원
ISBN 979-11-90931-00-7 03190

• 비에이블은 컬처허브의 임프린트입니다.
• 이 도서의 국립중앙도서관 출판예정도서목록(CIP)은 서지정보유통지원시스템 홈페이지(http://seoji.nl.go.kr)와 국가자료종합목록 구축시스템(http://kolis-net.nl.go.kr)에서 이용하실 수 있습니다. (CIP제어번호 : CIP2020026834)